Celtas

Una Guía Fascinante de La Antigua Historia y Mitología Celta, Incluidas Sus Batallas Contra la República Romana en Las Guerras Gálicas

© **Copyright 2019**

Todos los derechos reservados. Ninguna parte de este libro puede ser reproducida de ninguna forma sin el permiso escrito del autor. Los reseñantes pueden citar pasajes breves en los comentarios.

Cláusula de exención de responsabilidad: Ninguna parte de esta publicación puede reproducirse o transmitirse de ninguna forma ni por ningún medio, mecánico o electrónico, incluidas fotocopias o grabaciones, ni por ningún sistema de almacenamiento y recuperación de información, ni transmitirse por correo electrónico sin la autorización escrita del editor.

Si bien se han realizado todos los intentos para verificar la información provista en esta publicación, ni el autor ni el editor asumen ninguna responsabilidad por los errores, omisiones o interpretaciones contrarias del contenido aquí presente.

Este libro es solo para fines de entretenimiento. Las opiniones expresadas son solo del autor y no deben tomarse como instrucciones u órdenes de expertos. El lector es responsable de sus propias acciones.

El cumplimiento de todas las leyes y normativas aplicables, incluidas las leyes internacionales, federales, estatales y locales que rigen las licencias profesionales, las prácticas comerciales, la publicidad y todos los demás aspectos de realizar negocios en los EE. UU., Canadá, el Reino Unido o cualquier otra jurisdicción es de exclusiva responsabilidad del comprador o lector

Ni el autor ni el editor asumen ninguna responsabilidad u obligación alguna en nombre del comprador o lector de estos materiales. Cualquier desaire percibido de cualquier individuo u organización es puramente involuntario.

Contents

INTRODUCCIÓN 1
CAPÍTULO 1 - ¿QUIÉNES ERAN LOS CELTAS? 4
CAPÍTULO 2 - LAS MIGRACIONES CELTAS 11
CAPÍTULO 3 - LAS MUCHAS TRIBUS CELTAS DE EUROPA 24
CAPÍTULO 4 - LOS CELTÍBEROS 33
CAPÍTULO 5 - LAS GUERRAS GALAS 40
CAPÍTULO 6 - LOS CELTAS INSULARES...55
CAPÍTULO 7 - GUERREROS CELTAS 65
CAPÍTULO 8 - FORMA DE VIDA CELTA 74
CAPÍTULO 9 - RELIGIÓN CELTA 79
CAPÍTULO 10 - ARTE CELTA 87
CONCLUSIÓN 97
BIBLIOGRAFÍA 100

Introducción

Hoy, la palabra celta significa muchas cosas. Para la mayoría de nosotros, significa algo relacionado con Irlanda. Pensamos en cruces irlandesas intrincadamente diseñadas, tréboles de cuatro hojas y algunas de las historias más conocidas de la mitología celta. Sin embargo, aunque la cultura celta se ha mantenido viva en Irlanda, sus raíces son mucho más profundas y se extienden mucho más allá de la pequeña nación insular frente a las costas de la Gran Bretaña moderna.

Los celtas en realidad podían rastrear sus raíces hasta la Edad del Bronce. La cultura Hallstatt que se desarrolló alrededor del río Danubio en Austria dio paso a la cultura La Tène y, con el tiempo, surgió la lengua celta. Esto preparó el escenario para las grandes migraciones celtas, que comenzaron en aproximadamente 500 a. C. y terminaron en el c. 100 a. C. Durante estos 400 años, los celtas, en oleadas aparentemente interminables, se extendieron por toda Europa, atacando tribus locales y reclamando territorio para los suyos, hasta el 200 a. C. El idioma celta se hablaba en las naciones modernas de Gran Bretaña, Francia, España, Portugal, Alemania, Austria, Suiza, la República Checa, Polonia, Eslovaquia, Bulgaria, Croacia, Italia y, en menor medida, Turquía.

Sin embargo, si bien es fácil para nosotros ver que los celtas tuvieron un profundo impacto en el surgimiento de la civilización europea. Es difícil para nosotros ver casi cualquier otra cosa. Los celtas no escribieron nada, incluso hay evidencia que sugiere que despreciaban la actividad, pero es más probable que simplemente no tuvieran un lenguaje escrito. Esto significa que nuestro conocimiento de estos pueblos antiguos se limita a lo que nos dice la evidencia arqueológica. Hay referencias considerables a las personas celtas en los textos griegos y romanos, pero son difíciles de tomar como un hecho dado que los griegos y los romanos no hablaban celta y, por lo tanto, habrían tenido una capacidad limitada para comunicarse.

Debido a esta falta de fuentes, las percepciones modernas de la cultura celta son típicamente exageradas o simplemente erróneas. La mayoría de nosotros pensamos en los celtas como personas bárbaras y beligerantes con poca o ninguna estructura social o valor para la vida humana. Pero esta imagen proviene directamente de las interpretaciones griegas y romanas de la cultura y no refleja con precisión cómo eran realmente los antiguos celtas.

Por supuesto, la guerra era un aspecto importante de la vida celta, pero los antiguos celtas también eran devotamente religiosos (practicaban una religión pagana elaborada que todavía no entendemos completamente hoy) y eran artesanos expertos que tuvieron un profundo impacto en el desarrollo del arte y la cultura de Europa.

Sin embargo, a pesar de todas estas cualidades redentoras, los celtas también estaban completamente desorganizados. Cientos, si no miles, de tribus diferentes existían en toda Europa que hablaban alguna versión de la lengua celta, pero rara vez, o nunca, se unieron para formar una cultura unificada. De hecho, era mucho más frecuente que se pelearan entre ellos y confiaran en un tercero, como los romanos, para que les ayudara a resolver sus conflictos.

Todo esto significa que cuando Julio César puso sus ojos por primera vez en dos importantes centros culturales C¡celtas de la época, Hispania (la actual España y Portugal) y Galia (la región que más o menos coincide con la actual nación de Francia), la cultura celta estaba condenada al fracaso. César fue capaz de marchar a través del territorio celta y conquistarlo en menos de una década, y los celtas de Europa Central fueron conquistados lentamente por los romanos y convertidos en provincias del Imperio romano. A medida que esto ocurría, su lengua y sus normas culturales fueron desapareciendo poco a poco.

Sin embargo, esto no eliminó completamente la cultura celta de la faz de la Tierra. Permaneció en Gran Bretaña, y aunque los romanos pudieron conquistar la mayor parte de la isla, no pudieron conquistarla toda. Como resultado, la cultura celta continuó existiendo en partes del oeste de Inglaterra, Irlanda y Escocia, y después de la invasión anglosajona de Gran Bretaña, los celtas volvieron a cruzar el Canal de la Mancha y se establecieron en la moderna región francesa de Bretaña. Debido a esto, los restos de la cultura celta todavía existen hoy en día. Más de un millón de personas en el noroeste de Europa son hablantes nativos de una lengua celta, incluyendo 562.000 personas en Gales, que es el diecinueve por ciento de su población.

En general, sin embargo, la historia de los celtas es una de un rápido ascenso a la prominencia seguida de un lento declive debido a la influencia de los romanos. Pero, aun así, la cultura celta ha permanecido fuerte en Europa y ha podido persistir hasta el día de hoy. Así que, aunque los celtas representan solo una pequeña parte del mundo moderno de hoy, son una parte masiva de su historia, lo que significa que estudiar a los antiguos celtas de hoy es una gran manera de desvelar algunos de los secretos enterrados en las profundidades de la historia antigua.

Capítulo 1 - ¿Quiénes eran Los Celtas?

Cuando la mayoría de nosotros pensamos en los celtas, nuestras mentes tienden a ir directamente a la Irlanda moderna, Escocia e Inglaterra. Sin embargo, esta asociación propaga falsedades sobre los orígenes de los celtas y su cultura y lengua. De hecho, sabemos muy poco sobre el verdadero origen de los celtas, en gran parte debido a la falta de fuentes coherentes. Pero lo que sí sabemos con seguridad es que las regiones del mundo que hoy se consideran celtas representan solo una pequeña porción del territorio que una vez fue ocupado por este gran y diverso grupo etnolingüístico. En cambio, los celtas se extendieron por la mayor parte de Europa y establecieron contacto con algunas de las principales civilizaciones del mundo antiguo, como los griegos y los romanos, dejando su huella no solo en la historia de estas culturas, sino también en la de toda la humanidad.

Origen

Como pueblo y cultura definidos, los celtas entraron por primera vez en nuestra historia colectiva con los griegos y los romanos. Referencias de textos escritos en los siglos V y VI a. C. mencionan a un grupo de personas que vivían en el norte de Europa. Los griegos los llamaban los keltoi, y los romanos se referían a ellos como galos. Sin embargo, se cree que la cultura celta data de mucho más atrás, alrededor del año 1200 a. C., a una cultura conocida como la cultura Hallstatt.

Los Hallstatts eran parientes de la cultura de los campos de urnas (c. 1300 a. C. - 750 a. C.) de Europa Central que se desarrolló a lo largo de las orillas del río Danubio a partir de hace más de 3.000 años. Los campos de urnas mismos eran descendientes de las culturas de Unetice (c. 2300-1600 a.C.) y Túmulos (1600 a.C. - 1200 a.C.), lo que significa que los orígenes de la historia celta se remontan a c. 2300 a. C., aunque una cultura celta distinta no surgirá hasta el último milenio antes de Cristo.

Estas culturas prehistóricas eran principalmente sociedades guerreras conocidas por quemar a sus muertos y enterrarlos en urnas en campos abiertos. Los yacimientos arqueológicos, típicamente identificados por estas urnas, se han encontrado en toda Europa Central en países modernos como Polonia, la República Checa, Austria, Hungría, Alemania y Rusia. Muchos estudiosos sitúan el origen de estas culturas en la República Checa, afirmando que se expandieron hacia el exterior siguiendo el Danubio y el Rin y asentando la tierra fértil en el resto de Bohemia, pero no hay evidencia que pruebe definitivamente esta teoría.

Se cree que los Hallstatts surgieron como una cultura distinta a partir del año 1200 a. C., y fueron una sociedad preeminente en la región hasta alrededor del año 450 a. C. Eran principalmente una sociedad agrícola, pero en este momento de la historia, el trabajo del hierro había avanzado considerablemente, y se cree que los Hallstatts eran excepcionalmente competentes en este oficio. Establecieron grandes redes comerciales en toda Europa Central, y establecieron contacto con varias civilizaciones mediterráneas, incluida Grecia. Además, los Hallstatts establecieron minas de sal cerca de sus asentamientos, que rápidamente se convirtieron en la fuente más importante de este producto en el mundo antiguo. La riqueza que provenía de la abundancia de este recurso permitió el desarrollo de las clases de caciques y guerreros, que habrían sido consideradas más elitistas, y también permitió cierto grado de especialización, lo que significa que los Hallstatts habrían avanzado considerablemente durante el período en que vivieron.

En términos generales, esta es la explicación del origen de los celtas aceptado por la mayoría de los que estudian esta antigua cultura. Pero debido a la ambigüedad de la evidencia arqueológica y a la falta de fuentes primarias escritas, es difícil decir con seguridad si esta es la naturaleza exacta de cómo llegaron a existir los celtas. Otra teoría sitúa el origen de los celtas mucho más al oeste. Parte de esto se debe a que una de las primeras menciones a los celtas en la historia escrita es del historiador griego Heródoto, que menciona a los celtas como cercanos al Danubio, que, según el resto de sus escritos, creía que estaba situado cerca de los Pirineos, lo que dio lugar a la idea de que los celtas tenían su base principalmente en la Galia y en la Península Ibérica.

Además, ha surgido otra teoría como resultado de algunas de las pruebas genéticas recogidas en las últimas décadas. Esta información sugiere que muchas de las tribus dispersas por Europa que identificamos como celtas, en gran medida debido a su lengua, así como a su arte y cultura, en realidad no están relacionadas entre sí. De hecho, el grupo "étnico" con el que la mayoría de los europeos tienen una ascendencia común es el vasco, que era un grupo etnolingüístico no indoeuropeo que se asentó en el norte de España y el sur de Francia. Esto complica considerablemente la situación porque va en contra de la idea de que los celtas se originaron en un solo lugar y luego se extendieron por toda Europa.

En cambio, parece sugerir un proceso de "celtización" en el que muchas culturas distintas adoptaron lentamente el idioma y la cultura celtas a medida que se propagaban desde la zona de Hallstatt. Sin embargo, aunque esto podría explicar algunas de las diferencias genéticas entre las diversas tribus celtas de Europa, no explica el hecho de que las culturas celtas parecieran aparecer en diferentes partes de Europa aparentemente al mismo tiempo. Por eso, es difícil decir con seguridad dónde surgieron los primeros asentamientos

Celtas, y debido a la falta de textos escritos, puede que nunca lo sepamos.

Sin embargo, lo que sí sabemos es que la cultura que se desarrolló en la zona de Hallstatt finalmente habló un idioma que podríamos identificar como celta, y que hacia el 400-300 a. C., la cultura y el idioma celtas estaban presentes en muchas formas diferentes en muchas partes de Europa. Como resultado, puede que no importe demasiado que no podamos identificar firmemente el origen de los celtas, pero el poder determinar esto con certeza nos permitiría aclarar considerablemente nuestra comprensión de los celtas en lo que se refiere al curso general de la historia de la humanidad.

Geografía

Uno de los aspectos más interesantes de la historia celta es la extensión de la misma. Sin embargo, a pesar de la presencia de muchas culturas celtas diferentes en toda Europa, nunca hubo una cultura celta "unificada", lo que tal vez podría explicar por qué muchas de las sociedades celtas de toda Europa finalmente desaparecieron o fueron absorbidas por otras culturas. Sin embargo, el alcance de la sociedad celta en Europa es bastante impresionante.

Algunos de los asentamientos celtas más prominentes estaban situados cerca de la zona de Hallstatt en lo que hoy es Alemania y la República Checa. Pero sabemos que los celtas eran numerosos y poderosos en Francia por los escritos de los romanos, que se referían a los celtas como los galos. Los celtas también tenían una presencia considerable en la Península Ibérica, principalmente a lo largo de la costa norte en las actuales regiones de Gálatas, Asturias y Cantabria. Las civilizaciones celtas también se encontraron en los Alpes del norte de Italia, así como en las naciones modernas de Serbia, Ucrania, Bulgaria y Turquía. Hay algunas pruebas que sugieren que los celtas llegaron hasta Egipto; sin embargo, nunca establecieron un asentamiento allí.

Por último, los celtas establecieron una presencia considerable en las tierras que ahora llamamos las Islas Británicas. Esta rama particular de la cultura celta se conoce como los celtas insulares. Hablaban su propia versión de la lengua celta, conocida como celta insular, y se cree que se asentaron en la región durante la expansión de la cultura celta en la Edad de Hierro. Todos los restos de la cultura y la lengua celtas que aún existen hoy en día se remontan a los celtas insulares, razón por la cual la mayoría de la gente asocia hoy la cultura celta con Inglaterra, Irlanda, Escocia y Gales. Pero, como podemos ver, la cultura celta prevalecía en muchos más lugares de Europa y más allá. A continuación, se muestra un mapa de las áreas en las que la cultura celta prevalecía en el siglo III a. C.

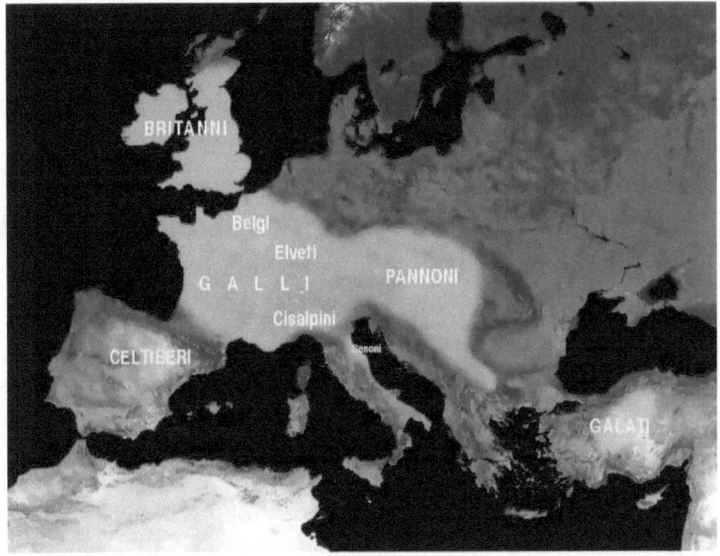

Fuente: https://commons.wikimedia.org/w/index.php?curid=3545841

Idioma

A pesar de la falta de unificación política entre las culturas celtas, estas muchas civilizaciones diferentes están conectadas e identificadas entre sí principalmente por sus similitudes lingüísticas. Las lenguas celtas descienden del protocéltico, que se cree que se desarrolló durante el período de Hallstatt (c. 1200 a. C. - 450 a. C.). Es una rama del grupo lingüístico indoeuropeo, lo que significa que pertenece a la misma familia de lenguas que ha producido lenguas modernas como el inglés, español, francés, alemán, hindi, punjab, persa, italiano y portugués.

Dentro del grupo lingüístico celta, hay dos ramas principales: continental e insular. El celta insular se refiere a la versión de la lengua hablada en lo que hoy es Inglaterra, Escocia, Irlanda, Gales y Bretaña, y el celta continental se refiere a la versión hablada en el resto de Europa. El celta continental está extinto, mientras que el celta insular todavía existe, aunque se habla como las distintas lenguas del gaélico, el galés, el gaélico escocés, el bretón (hablado en Bretaña, Francia) y, en menor medida, el manx (hablado en la Isla de Man) y el córnico (hablado en Cornualles). Las diversas lenguas celtas que aún se hablan hoy en día se dividen típicamente en bretónicas o goidélicas, también conocidas como gaélicas. El celta todavía se habla en algunas regiones de Europa continental, pero estos grupos lingüísticos hablan una variante del bretón, que fue traído a la región por los colonos británicos. Otras lenguas celtas, como el celtibérico, el galaciano y el galés, ya no se hablan en los tiempos modernos. Existen otras lenguas regionales, como el lusitano (hablado en algunas partes de la Península Ibérica), el rético (hablado en algunas partes de Suiza y Austria) y el picto (ahora extinto, pero una vez una lengua importante en las Islas Británicas), que pueden haberse originado a partir de la lengua celta, pero cuyos verdaderos orígenes siguen siendo un misterio.

Los ejemplos de escritos celtas surgieron por primera vez en el siglo VI a. C., pero muchos ejemplos de escritos celtas aún permanecen debido a la rica tradición literaria que se desarrolló en muchas partes diferentes del mundo celta, específicamente en Irlanda. Esta tradición ayudó a los celtas a establecer y difundir su cultura, y también llevó a la difusión de su religión y mitología, pero solo en la época post-romana. Antes de los romanos, la escritura era desalentada e incluso prohibida, lo que ha dejado a los eruditos modernos en la oscuridad cuando se trata de descifrar información sobre los antiguos celtas.

Conclusión

La falta de una estructura política unificada y de fuentes primarias antes de mediados del último milenio a. C. dificulta la identificación de los verdaderos orígenes de la cultura celta. Sin embargo, la aparición de la lengua celta entre 1200 y 800 a. C., además de las referencias hechas a los celtas por los griegos y los romanos, nos ayuda a comprender bien de dónde vino esta cultura y cómo se extendió y desarrolló hasta convertirse en una de las más grandes e influyentes de la antigua Europa.

Capítulo 2 - Las Migraciones Celtas

Mientras que la cultura celta tiene sus raíces en el final del segundo milenio antes de Cristo, su impacto en la cultura europea se hizo aún más significativo después de aproximadamente 500 años antes de Cristo. Fue en esta época cuando los celtas comenzaron a expandirse fuera de su patria, cerca de la zona de Hallstatt, por el resto de Europa. Este período, que duró unos 300 años, se conoce como la "Migración Celta", y se cree que es el resultado de la superpoblación en la patria celta. Sin embargo, la cultura celta, que se había convertido en una sociedad estratificada y altamente desigual a mediados del primer milenio a. C., también puso énfasis en las incursiones y requirió un suministro constante de recursos de lujo para mantenerse.

Durante este período, los celtas comenzaron a hacer contacto con las culturas del sur de Europa, más específicamente con los romanos y, en menor medida, con los griegos. Los celtas que dejaron la región de Hallstatt para irse a otras tierras comenzaron a establecerse siempre que fue posible, trayendo consigo su cultura e idioma únicos y aumentando la escala de la influencia celta en Europa. Sin embargo, la expansión de la cultura celta, como ocurre a menudo, llevó finalmente a su caída, en gran parte porque los celtas, al entrar en contacto con otras culturas, también se enemistaron, más específicamente con los romanos, quienes, en el siglo III a. C., se estaban haciendo cada vez más poderosos y buscaban expandir su esfera de influencia en Europa, África y Asia. Sin embargo, este período de expansión conocido como la Migración Celta es una parte importante de la historia celta y es una de las principales razones por las que los celtas lograron tener un impacto tan grande en la cultura europea y mundial.

Estructuras Sociales Hallstatt y La Tène

Como ya se ha dicho, el predecesor de los celtas fue la cultura Hallstatt, que se desarrolló en las regiones que rodean el sur del Danubio. Después de los Hallstatts, estaba la cultura de La Tène, que se formó al norte de la zona de Hallstatt. Estas culturas eran similares en el sentido de que eran en gran medida sociedades de cacicazgo en las que se consideraba que los guerreros eran la clase de élite, y el líder del grupo, el jefe, era elegido de entre este segmento superior de la sociedad.

Este tipo de estructura social se mantuvo unida por lo que se denomina un sistema de "bienes de prestigio", lo que significa que la clase elitista mantuvo su posición al poseer artículos únicos y lujosos que estaban fuera del alcance de los miembros inferiores de la sociedad. Intercambiaban artículos de menor valor, a menudo alimentos y otros productos básicos cultivados en la tierra que poseían, con el resto de la sociedad a cambio de los otros bienes y servicios que necesitaban para vivir y para poder mantener su posición de poder.

La prominencia de este tipo de estructura social es significativa por algunas razones. En primer lugar, motivó a estas culturas a establecer rutas comerciales con otras sociedades en Europa, principalmente con los griegos. Enviaban metales y sal al Mediterráneo a cambio de vinos, aceitunas, oro y otros artículos de lujo. Sin embargo, también significaba que estas culturas eran bastante inestables, y siempre que había una escasez de artículos de lujo para la clase alta o de recursos intercambiables para adquirirlos, uno de los únicos métodos para adquirirlos era asaltar un asentamiento cercano. Esto significaba que las primeras culturas celtas se peleaban frecuentemente entre sí, algo que no debería sorprender tanto a los estudiantes de historia antigua. Este concepto de saqueo se convirtió en una parte integral de la cultura celta que se desarrollaría en la última parte del primer milenio a. C.

Muchas tribus como una sola

Antes de entrar en detalles sobre la migración celta, es importante señalar otro aspecto de la cultura celta, que es la diversidad que existía dentro de ella. Más específicamente, debemos entender que el grupo de personas al que nos referimos hoy en día como "celtas" estaba formado por muchas tribus diferentes y distintas que compartían la misma cultura y el mismo idioma. Sin embargo, todos hablaban diferentes dialectos del celta, y también tenían diferentes prácticas culturales, aunque eran similares. La palabra celta viene de la palabra griega keltoi, que significa bárbaro, y es un reflejo de cómo los griegos veían a sus vecinos del norte: una molestia peligrosa para su paz y prosperidad.

Esto significa que a medida que los celtas se trasladaban a otras partes de Europa, desarrollaban su propia identidad cultural. En la actual nación de Francia, por ejemplo, había varias tribus celtas que una vez vivieron allí, pero César y los romanos se referían a todos ellos como galos, ya que se referían al territorio ocupado por los celtas como galo o galés. Sin embargo, dentro de la Galia había muchas tribus diferentes que vivían allí, muchas de las cuales eran celtas, pero muchas que no lo eran. En otros lugares, los celtas tomaron diferentes nombres. En la Turquía actual, se los conocía como gálatas, y en la Inglaterra e Irlanda actuales, se los conocía como británicos y gaélicos respectivamente. En la España actual, se llamaban celtíberos.

La razón principal por la que hay tantos nombres para los celtas se debe a la falta de unidad entre el pueblo celta original. Muchas tribus diferentes existían en toda Europa Central que ahora identificamos como celtas, pero en ese momento, su única conexión era el idioma y la cultura. No tenían ninguna afiliación política. Por lo tanto, cuando una tribu decidía que era el momento de dejar su patria en busca de un nuevo territorio para hacer una incursión, rara vez era seguida por otra. Esto significó que Europa se pobló rápidamente con muchas tribus celtas diferentes que tenían su propia versión única de la cultura y la lengua celtas. Para aquellos de nosotros que estudiamos la historia de los celtas, todo esto hace que las cosas sean bastante confusas, ya que es común ver a las tribus celtas referidas por su identidad específica, lo que significa que el estudiante promedio de historia podría no reconocer inmediatamente la conexión entre las muchas diferentes tribus que ocupaban Europa antes de que los romanos comenzaran a expandir su influencia a través del continente.

Los Celtas se expanden en Europa Central
Aunque existen varias teorías sobre los orígenes de los celtas, hay poco debate de que se centralizaron en la región del río Danubio en el siglo V a. C. Sin embargo, con los problemas de la superpoblación y la necesidad de encontrar nuevas tierras y culturas que invadir, los celtas comenzaron a expandirse a otras regiones de Europa, extendiendo su influencia cultural y dejando su huella en este capítulo de la historia europea.

En general, los celtas comenzaron a moverse hacia el este y el oeste a lo largo del río Danubio, encontrando nuevas áreas en las que asentarse. Se cree que durante este período llegaron hasta la región francesa de Marne, que se encuentra justo al sureste de la actual París. También hay evidencia de poblaciones celtas en Alemania, más específicamente cerca del río Rin en el oeste de Alemania.

Durante esta migración, los celtas también se establecieron en Bohemia y Baviera, así como en Suiza. Estas tribus, mientras que también hablaban sus propias versiones únicas de la lengua celta, eventualmente se convirtieron en algunos de los asentamientos más poblados y ricos de todo el mundo celta. Desarrollaron fuertes relaciones comerciales con los romanos, lo que les ayudó a prosperar, y se cree que las tribus gálicas, las que vivían en la

Francia y Suiza de hoy en día, fueron las responsables de la difusión de la subdivisión de la lengua celta conocida como celta continental. En el este, los celtas se movieron a través de la Gran Llanura Húngara, asentándose como lo hicieron y llegando hasta lo que hoy es la nación moderna de Rumanía. Algunos yacimientos arqueológicos que pueden conectarse con los celtas se encuentran en el extremo oriental de Rumania central, concretamente en la región de Transilvania. Sin embargo, a diferencia de los celtas que se asentarían en otras partes de Europa, como Italia y Grecia, los celtas que se extendieron a lo largo del Danubio y en Francia, Alemania, la República Checa y Rumanía mantuvieron un nivel significativo de homogeneidad cultural. El comercio era frecuente y constante dentro de la región, lo que facilitó el libre intercambio de personas e ideas.

Moviéndose hacia el sur

Hacia el año 400 a. C., los celtas se habían convertido en la cultura dominante en lo que antes había sido la zona de Hallstatt, y a pesar de tener su propio idioma, asumieron muchas de las tradiciones culturales de sus predecesores, como la estructura social de los bienes de prestigio y su énfasis en las redadas. Sin embargo, para entonces, los celtas que poblaban la región cerca del Danubio y más allá estaban empezando a enfrentarse a una amenaza considerable: la superpoblación. Esto habría creado una inestabilidad significativa dentro de la región porque hizo considerablemente más difícil para las clases dominantes encontrar suficientes recursos necesarios para comerciar con las clases trabajadoras a cambio de su trabajo y lealtad.

Como resultado, los celtas comenzaron a mirar hacia el sur, la región de donde obtenían sus artículos de lujo y un área que percibían como rica y generosa. Esto condujo a una migración bastante rápida de las poblaciones celtas desde las cuencas del río Danubio hacia el sur, hacia la región conocida como el Valle del Po, que es la gran área geográfica que rodea al río Po en el norte de Italia.

Estas migraciones también ayudaron a extender el poder dentro de la comunidad celta. Esto se debía a que, cuando las poblaciones de una comunidad aumentaban, una o más élites se separaban en busca de un nuevo territorio. Si encontraban algo adecuado, establecían un nuevo asentamiento y se ponían en la cima de la estructura social. Sin embargo, a veces, estos líderes guerreros no podían encontrar un lugar adecuado, y esto a menudo los empujaba a moverse hacia el sur, hacia Italia. Cuando hacían esto, a menudo anunciaban a las tribus y comunidades locales su marcha hacia el sur, y debido a que la superpoblación era un problema tan generalizado, un número considerable de celtas huían de su ciudad natal o pueblo para unirse al caudillo que se dirigía hacia el sur, lo que daba a los celtas migrantes una fuerza considerable en caso de que encontraran resistencia a su movimiento hacia tierras mejores y más fértiles.

La marcha sobre Roma

Cualquiera que tenga una ligera comprensión del mapa de Europa sabrá que, si se dirige al sur desde el valle del Danubio en Austria hasta Italia, y sigue adelante, finalmente encontrará la ciudad de Roma. Y aunque Roma a principios del siglo IV a. C. no era todavía el poder en que se convertiría en los últimos siglos del milenio, seguía siendo una ciudad fuerte con un control considerable sobre el territorio del centro de Italia, y también era un reino que tenía ambiciones de expansión.

Pero cuando los celtas comenzaron a mudarse al sur, no parecían tener ambiciones de marchar sobre Roma. Sin embargo, un grupo de embajadores romanos apareció en la región de Marne alrededor del año 395 a. C. para negociar el comercio; estas conversaciones se desintegraron, y los embajadores romanos, junto con sus fuerzas, entablaron una batalla con los celtas en la que un miembro de la embajada romana mató al caudillo celta. Esto representó una afrenta masiva a los celtas de la región, y los inspiró a marchar hacia el sur, hacia Roma, para vengarse.

Se cree que los celtas llegaron hasta Roma en el año 390 a. C., y se enfrentaron al ejército romano en Alia, un afluente del río Tíber. Los celtas asestaron un duro golpe a los romanos destruyendo su ejército y saqueando la ciudad. Sin embargo, al carecer de una verdadera organización política, los celtas no se instalaron y tomaron el control de la ciudad. En cambio, acamparon en sus afueras mientras las élites llegaban a un acuerdo. Los registros indican que los guerreros comenzaron a morir de enfermedades, y los celtas y romanos llegaron a un acuerdo que condujo a la salida de los celtas de la región.

En este punto, los celtas continuaron haciendo olas en el norte de Italia, atacando a las poblaciones cercanas y estableciendo sus propios asentamientos. Pero también desempeñaron un papel importante en la región al servir como mercenarios de los señores y reyes locales que buscaban hombres que les ayudaran a expandir su poder. En estos arreglos, muchos de los celtas que vivían en la región lucharon en realidad a favor de los romanos, pero también hay evidencia de ataques adicionales de los celtas contra Roma en el año 367 a. C., y pueden haber existido confrontaciones adicionales a lo largo de los siglos siguientes.

Esta división entre los celtas en Italia ayuda a señalar la falta de unidad que existía en esta antigua cultura. Su lenguaje común no fue suficiente para unirlos políticamente, y esto contribuyó a que nunca construyeran un imperio del tamaño de los que se veían en ese momento en el mundo antiguo, a pesar de tener la población y los recursos para hacerlo.

Los Celtas en los Balcanes y Grecia

El primer contacto registrado entre los griegos y los celtas tuvo lugar en el año 335 a. C. cuando los emisarios celtas viajaron a Macedonia para presentarse ante la corte de Alejandro Magno y negociar un tratado de amistad. Sin embargo, se cree que los celtas habían estado en la región durante la mayor parte del siglo, con evidencia, principalmente en forma de artefactos de batalla, que sugieren que los celtas llegaron a Grecia alrededor del mismo tiempo que se trasladaron al norte de Italia: alrededor del año 390 a. C.

Este contacto inicial no tuvo un gran impacto en ninguna de las dos culturas, pero cuando Alejandro Magno murió en el año 323 a. C., y su imperio se disolvió y distribuyó a los que habían servido bajo su mando, los grupos celtas de la región debieron haber visto esto como una oportunidad para que se expandiesen aún más en la zona.

El líder celta Cambaules dirigió la primera expedición celta a Grecia, concretamente a la región de Tracia, en el año 298 a. C., pero fue rechazado por los ocupantes de la región. Dieciocho años más tarde, en el año 280 a. C., otro grupo de celtas, liderado por un líder de la guerra llamado Bolgios, atacó la región griega de Heraclea, pero ellos también fueron rechazados e incapaces de asegurar una victoria. Sin embargo, después de esto, los dos ejércitos combinaron sus fuerzas y comenzaron a avanzar rápidamente hacia el sur, destruyendo ciudades y tierras de cultivo griegas a lo largo del camino y tratando a la población local con extrema dureza. Finalmente, llegaron a la ciudad griega sagrada de Delfos en 279 a. C. y lanzaron un ataque considerable, pero fueron derrotados, y la historia registrada por los alfabetizados griegos pinta a los celtas como bárbaros e incivilizados y a los griegos como heroicos defensores de su territorio, imágenes de ambas culturas que aún perduran hasta nuestros días.

Después de ser derrotados en Delfos, los celtas comenzaron a retirarse de Grecia hacia el norte, pero otros se trasladaron hacia el este a Tracia y formaron un asentamiento en Tyle. Desde allí, los celtas pudieron exigir tributo a la ciudad de Bizancio durante un período considerable de tiempo, pero los tracios finalmente destruyeron el asentamiento de Tyle en el año 212 a. C. aproximadamente. Sin embargo, otro grupo de celtas fue contratado por el líder de Bitinia, una región en el noroeste de Asia Menor que incluía a Bizancio (más tarde Constantinopla, ahora Estambul) como mercenarios, lo que llevó a los celtas a través del Helesponto y a Asia Menor.

Los británicos y los gaélicos

Hoy en día, los países que más estrechamente asociamos con la cultura celta son Irlanda, Gales, Escocia y, en menor medida, Inglaterra. Sin embargo, como ahora sabemos, los celtas no se originaron aquí, y su principal esfera de influencia estaba en Europa Central. Pero la evidencia arqueológica sugiere que los celtas vivían en lo que hoy es Inglaterra e Irlanda desde el siglo V o VI a. C., lo que significaría que los celtas se establecieron en esta parte del mundo como parte de la migración celta global que tuvo lugar en la primera mitad del primer milenio a. C.

Con el tiempo, los celtas de la actual Inglaterra, Gales, Escocia e Irlanda desarrollaron su propia versión de la lengua celta, a la que ahora nos referimos como celta insular. Es similar al celta continental en muchos aspectos, pero era lo suficientemente distinto como para ganarse su propia designación. Las únicas versiones del celta que todavía se hablan hoy en día son las subdivisiones del celta insular.

Los Celtas en Galacia

Aunque la mayoría de los celtas que habían atacado ciudades griegas en Tracia y Macedonia y que habían sido invitados a cruzar el Helesponto para luchar por Bitinia eran soldados, hay pruebas que sugieren que una gran parte del grupo no lo era. Estos soldados, todos de tribus similares, viajaron con mujeres y niños, lo que sugiere que al menos parte de esta fuerza expedicionaria abandonó la patria celta para tratar de encontrar nuevas tierras para asentarse. Las fallidas invasiones de Grecia limitaron sus opciones, y así, cruzaron a Asia Menor.

En los primeros años de su presencia en Asia Menor, los celtas formaban parte del ejército de Bitinia, pero en el año 275-4 a. C., los bitinios sufrieron una derrota catastrófica en la "Batalla de los Elefantes", y los celtas se encontraron en el lado equivocado de la historia. El rey seléucida que entonces tomó el control de Bitinia, Antioquia I, desterró a los celtas a una región estéril en Anatolia central. La gente en Asia Menor en ese entonces se refería a estas tribus celtas como gálatas, así que el área que eventualmente ocuparon fue conocida como gálata.

Durante los siglos siguientes, estos gálatas llevaron a cabo frecuentes incursiones contra las diversas ciudades de Asia Menor. Cada una de las tres tribus diferentes que se habían unido para establecerse en Asia Menor tenía su propia región a la que atacar, y esta práctica era bastante lucrativa contra las ciudades-estado relativamente ricas de la zona que se habían beneficiado del comercio y la influencia cultural griega. Esto hizo posible que los celtas mantuvieran su modo de vida tradicional, es decir, su sociedad de bienes de prestigio. Además, los celtas también servían frecuentemente como mercenarios en los ejércitos seléucidas, y su fuerte cultura guerrera los convirtió en una poderosa adición a las fuerzas armadas de este reino.

Sin embargo, para el siglo II a. C., los romanos se habían convertido en el imperio más poderoso de Europa, y habían comenzado a demostrar su poder en Asia Menor. Específicamente, en 191 a. C., los romanos ofrecieron su apoyo a los pergamenes en una campaña contra los seléucida y sus mercenarios galaicos, y obtuvieron una rotunda victoria. Durante las conversaciones de paz, los celtas (gálatas) acordaron detener todas las incursiones en los territorios circundantes y, a cambio, los romanos acordaron ayudar a los gálatas a mantenerse libres del control de Pérgamo. Sin embargo, este tratado de paz solo duró dos años cuando los celtas comenzaron a hacer incursiones una vez más. Sin embargo, los romanos interfirieron y los derrotaron firmemente y negociaron un nuevo tratado de paz otra vez.

Despojados de su capacidad de asaltar los asentamientos circundantes para obtener recursos, la estructura social gálata comenzó a debilitarse. Ya no disponían de los recursos necesarios para sostener su economía de bienes de prestigio, lo que los llevó a integrarse gradualmente en la cultura local. Las tribus celtas llegaban de Europa de vez en cuando, y se producían incursiones, pero para el primer siglo de nuestra era, los gálatas habían sido absorbidos casi por completo por la cultura de Asia Menor. Sin embargo, mantuvieron su lengua y su fuerte identidad étnica, principalmente al seguir identificándose como gálatas. Lo hicieron tan bien que cuando los apóstoles romanos viajaron a Gálata en el siglo IV d. C., pudieron reconocer las similitudes entre la lengua hablada en Gálata y las habladas en tierras del resto de Europa que todavía se identificaban como celtas.

Los Celtas en la Región Póntico-Caspio

Sorprendentemente, también se ha encontrado una cantidad significativa de artefactos celtas en la Estepa Póntico-Caspio, que es el territorio que se extiende desde la desembocadura del río Danubio en el mar Negro hasta el mar Caspio. Sin embargo, los historiadores y arqueólogos no han sido capaces de identificar exactamente por qué estos artefactos están allí. Las dos teorías predominantes son: 1) el área se estableció como parte de la migración celta general que comenzó en la zona de Hallstatt y se extendió por el resto de Europa; y 2) los gálatas, después de que los romanos revocaron su derecho de incursión en Asia Menor, se trasladaron hacia el norte, a la región Póntico-Caspio. Sin embargo, no hay evidencia para probar ninguna de las dos teorías, y debido a la falta de registros escritos, poco se sabe sobre las culturas celtas que viven en esta parte de Europa y Asia durante y después de la migración celta.

Los Celtíberos

Mientras que la mayoría de los celtas que vivían en la zona de Hallstatt y en el valle del río Danubio comenzaron a emigrar por toda Europa a partir de aproximadamente 500 a. C., los celtas que vivían en la Península Ibérica, que hoy alberga a las naciones modernas de España y Portugal, probablemente llegaron en algún momento alrededor del año 1000 a. C. Se asentaron principalmente en el noroeste de la península, principalmente en la actual región de Gálata, y coexistieron con muchas otras culturas diferentes.

Es curioso que haya evidencia de la cultura celta en la Península Ibérica desde el año 1000 a. C. porque en este momento, los celtas apenas empezaban a diferenciarse de las otras culturas en la zona de Hallstatt, y, además, no hay evidencia de una migración de celtas a mayor escala durante este período de tiempo. La falta de registros escritos de esta época significa que tal vez nunca sepamos qué fue lo que llevó a los celtas a esta parte del mundo en este momento de la historia.

Algunos argumentan que la presencia de los celtas en Europa Occidental a finales del siglo I a. C. es una prueba de que la cultura celta no surgió en la zona de Hallstatt y que su origen es realmente de las costas occidentales de Europa. Sin embargo, no hay evidencia que sugiera que esto sea así, de hecho, y como sabemos que la migración celta que tuvo lugar a partir del siglo V comenzó en la zona de Hallstatt, es difícil utilizar esta temprana aparición de los celtíberos como evidencia de un origen diferente. Sin embargo, no importa qué teoría se utilice para describir el origen de la cultura celta, la influencia celta en la Península Ibérica se hizo mucho más pronunciada en la segunda mitad del primer milenio a. C. cuando los celtas se estaban expandiendo fuera de la zona de Hallstatt hacia el resto de Europa.

Conclusión

La migración celta es uno de los ejemplos más significativos de movimiento humano en la historia, tanto en términos de número de personas como de superficie. Los celtas, que creemos que se formaron en una cultura distinta a principios del primer milenio a. C., pasaron de ocupar un territorio relativamente pequeño cerca del río Danubio a ocupar las naciones modernas de España, Francia, Alemania, Italia, la República Checa, Polonia, Rusia, Eslovaquia, Bulgaria, Grecia, Inglaterra, Escocia, Gales, Irlanda y Turquía, entre otros.

Esta migración extensiva fue en parte el resultado de la necesidad de tierras, ya que esta población creciente necesitaba expandirse fuera del valle del río Danubio. Pero también vino de la forma de vida única de los celtas, específicamente de las redadas. Las incursiones se establecieron al principio de la historia celta como un aspecto importante de la sociedad, y los hombres celtas que deseaban aumentar su estatus social a menudo se dedicaban a las incursiones, en gran parte porque la recompensa que adquirían podía distribuirse para ganarse la lealtad de los miembros de su tribu o asentamiento. Este mayor prestigio también facilitó que el mismo líder reclutara más hombres para la próxima incursión, lo que haría la campaña más exitosa y aumentaría aún más su estatus. Este tipo de estructura social proporcionó un gran incentivo para más y más redadas, y esto eventualmente se convirtió en una parte integral de la forma de vida celta. Debido a esto, los celtas estaban especialmente motivados para expandirse continuamente, lo que significa que la cultura celta y su forma de vida se extendió rápidamente por toda Europa y más allá.

Sin embargo, tal vez sea aún más sorprendente la forma en que se mantuvo la cultura celta en toda esta diáspora. Como ya se ha dicho, no había una estructura política unificada que uniera a las diversas culturas celtas. En cambio, fue su forma de vida, es decir, las redadas, la religión y el arte, así como su idioma, lo que los unió. Además, gracias a la fuerza de su cultura, las tribus celtas que se asentaron en otras regiones de Europa pudieron mantener su identidad cultural a pesar de estar rodeadas de una serie de culturas distintas. Como resultado, la cultura celta se mantuvo fuerte, ya que Europa cambió considerablemente bajo la influencia de los romanos, y también tuvo un impacto considerable en las otras culturas que se desarrollaban en la región, un impacto que todavía se puede sentir hoy en día.

Capítulo 3 - Las Muchas Tribus Celtas de Europa

Ya sea que la cultura celta se originara o no en la cultura Hallstatt y se extendiera al resto de Europa, o que las distintas etnias fueran "celtizadas" con el paso del tiempo, una cosa es segura: hacia el año 200 a. C., la mayor parte de Europa estaba poblada por personas que hablaban alguna versión de la lengua celta. Sin embargo, aunque sería bueno pensar en estas diferentes culturas que compartían el mismo idioma como homogéneas, principalmente porque facilitaría el estudio de las mismas, esta simplemente no es la realidad. En cambio, existía una gran diversidad dentro de la cultura celta, que iba desde cómo vivía la gente hasta la versión de la lengua celta que hablaban.

Hay algunas razones diferentes para esto. Lo más obvio es que no había una estructura política celta unificada que fuera capaz de imponer una cultura dominante y, por lo tanto, de acercar las muchas subdivisiones diferentes. Pero otra razón fue que los celtas que emigraron por toda Europa empezaron como culturas diferentes. Las tribus que se trasladaron de la zona de Hallstatt al Valle del Po pueden haber sido completamente diferentes de las que se trasladaron a Renania, Marne, el sur de Francia, Gran Bretaña y la Península Ibérica. En cambio, vemos varias tribus de diferentes orígenes, todas hablando el mismo idioma, tomando caminos muy diferentes para establecerse en diferentes lugares de Europa.

Entonces, para estudiar adecuadamente a los celtas, es importante aprender más sobre las diferentes subdivisiones que existen dentro de la cultura celta. La mejor manera de hacer esto es dividir a los celtas por regiones, y aunque hay muchas maneras diferentes de hacerlo, una de las más fáciles, al menos para aquellos familiarizados con la geografía moderna, es dividir a los celtas en celtíberos, galos y británicos. Dentro de estos grupos, hay muchas más subdivisiones, y conocer sus nombres, así como alguna información de fondo sobre ellos, puede hacer más fácil unificar el resto de la historia celta antigua.

Celtíberos

Como su nombre indica, los celtíberos son en realidad una mezcla de pueblos celtas e ibéricos, siendo los ibéricos los nativos de la Península Ibérica que hablaban su lengua materna. En general, los celtíberos ocupaban el norte de la Península Ibérica, mientras que los ibéricos ocupaban el sur. Ambos grupos causaron considerables problemas a los romanos cuando desembarcaron por primera vez en la península y trataron de conquistarla. Pero dentro de la subdivisión de los celtíberos, hay varios otros grupos que son importantes para entender la presencia celta en la Península Ibérica.

Lusitanos

Los lusitanos fueron un importante grupo tribal que ocupó la región entre los ríos Tajo y Duero en lo que hoy es Portugal y la región española de Extremadura. Sin embargo, los lusitanos son mejor entendidos como una confederación tribal que estaba compuesta por varias tribus similares que también llamaban a la región su hogar. Hablaban un idioma que se cree que estaba relacionado con el celta, y también practicaban una religión similar, aunque hay pruebas de que también tomaron prestadas algunas de estas prácticas de la cercana cultura vasca. Durante la conquista romana de Iberia, los lusitanos fueron uno de los principales líderes de la resistencia celtíbera a la dominación romana, aunque finalmente fueron derrotados y con el tiempo se romanizaron.

Asturianos

Situados en la costa norte de España, en las actuales comunidades autónomas de Asturias y León, los asturianos eran una cultura basada en la equitación y la ganadería. Es posible, según las evidencias arqueológicas, que los astures emigraran a la Península Ibérica como parte de la migración celta que se originó en la zona de Hallstatt y que dio lugar a la celtización de la mayor parte del continente europeo.

En comparación con otras culturas celtas de la época, los asturianos estaban bastante centralizados. Tenían una confederación de tribus, y construyeron una ciudadela que fue utilizada como capital. También parecen haber adorado a algunos de los dioses que ahora asociamos como característicamente celtas, como los Taranis y Lugh. Prueba de ello es el hecho de que muchos pueblos de la comarca llevan el nombre de estos dioses y lo han hecho desde la época romana.

Cántabros

Los cántabros se asentaron al este de los astures, cerca de la actual región de Cantabria. Con el tiempo, parecen haber adoptado alguna versión de una lengua celta, aunque hay pruebas de una considerable mezcla con las tribus cercanas, incluidos los vascos no celtas. Esto hace del cántabro un ejemplo perfecto de lo difícil que puede ser discernir una conexión clara entre una tribu celta y otra.

Los cántabros fueron los principales antagonistas de los romanos en su intento de conquistar la Península Ibérica en su camino hacia la gloria imperial. De hecho, las guerras cantábricas fueron la parte final de la conquista romana de Hispania durante dos siglos. Después de esta guerra, los cántabros fueron incorporados a la cultura latina y perdieron gran parte de su herencia celta.

Galaicos

Los galaicos eran una confederación tribal formada en su mayoría por tribus celtas, pero probablemente incluía tribus de varias etnias distintas. Existían en la región noroeste de España y en la región norte de Portugal. Se unieron a los lusitanos en la lucha contra Roma, y hay pruebas de que sirvieron como mercenarios en los ejércitos de Aníbal durante las guerras de Cartago con Roma. Conocidos por ser feroces luchadores, los galaicos causaron a los romanos considerables problemas a lo largo de su conquista. Hoy en día, la cultura celta sigue viva en estas regiones de España y Portugal, aunque los Galaicos fueron romanizados en gran medida después de su conquista.

Galos

Los romanos llamaron galos a todos los pueblos celtas que viven en las naciones modernas de Francia, Bélgica, Luxemburgo y partes de Suiza, el norte de Italia, los Países Bajos y Alemania. La región de la Galia se dividió en varias provincias, todas las cuales fueron finalmente anexionadas por los romanos. Esta conquista condujo a la eventual romanización de los pueblos celtas que vivían allí, y con el tiempo, el latín se convirtió en el idioma dominante, que se mezcló con el anglosajón, el alemán, el nórdico y muchos otros idiomas para producir el diverso conjunto de idiomas que vemos hoy en día en esta parte de Europa.

Sin embargo, si bien la clasificación de los romanos de la región simplemente como "Galia" les facilitó la comprensión, esto simplificó enormemente la diversidad que existía allí en ese momento. De hecho, enumerar todas las tribus que podemos identificar como celtas o galas sería una tarea imposible, pero para comprender la historia de los galos, especialmente en lo que respecta a la de los romanos, es importante conocer las distinciones entre los diferentes grupos celtas que llamaron hogar a la región.

Ligures

Los Ligures vivían en la costa norte del Mediterráneo, en la parte sur de lo que hoy es el noroeste de Italia y el sureste de Francia. Desarrollaron su propio lenguaje, el ligur, que probablemente se desarrolló por sí solo antes de asumir el trasfondo Celta tras las migraciones Celtas del primer milenio antes de Cristo. Es posible que los Ligures fueran una mezcla de las culturas Hallstatt y La Tène (que eran decididamente Celtas) pero también de culturas del norte de Europa, lo que les ayudó a desarrollar una identidad única.

Los historiadores griegos escriben que los Ligures son mercenarios particularmente temibles, y que los Ligures lucharon largas y duras batallas con los Romanos a lo largo de su conquista; sin embargo, fueron una de las primeras regiones de la Galia en ser anexionada como parte del Imperio Romano. Liguria es significativa en las Guerras Galas porque cuando los Ligures ofrecieron permitir el libre paso a los Helvéticos, desafiaron el dominio Romano y esencialmente forzaron al César a marchar hacia la Galia y conquistarla. Como castigo por su repetido desafío al dominio Romano, muchos Ligures fueron deportados a otras partes del Imperio Romano, lo que llevó a su rápida romanización y a la desaparición de su cultura.

Helvéticos

Los helvéticos eran una de las tribus más importantes de la antigua Galia, tanto en términos de población como de territorio controlado. Poblaron la zona que es la actual nación de Suiza, y César escribió que había unos 400 pueblos dispersos por toda la región. Contó unas 263.000 personas, aunque la mayoría de los eruditos modernos creen que esto es demasiado alto. Sin embargo, el hecho de que hubiera varios cientos de miles de personas de una misma cultura en esta parte del mundo en este momento es una señal de que los helvéticos eran una cultura floreciente y próspera.

Los helvéticos también son significativos porque fueron la primera tribu que enfrentó a César en su marcha hacia el norte. Pero no tenían reyes y por lo tanto no tenían organización, y su líder más famoso, Orgetórix, fue ejecutado cuando trató de nombrarse a sí mismo rey para luchar contra los romanos. Después de la victoria de César, los helvéticos fueron incorporados a la cultura romana y perdieron toda distinción en los primeros siglos de la dominación romana.

Belgas

Los belgas eran una confederación de pueblos celta y germánicos del norte de Europa, cerca de la actual nación de Bélgica. Debido a su proximidad a las tribus germánicas del este, es difícil saber con seguridad si los belgas eran más celtas o germánicos, pero a juzgar por la composición de la confederación, la mayoría de los historiadores de hoy en día creen que eran, de hecho, celtas. Eran feroces luchadores, especialmente los que pertenecían a la subdivisión de Nervio, que probablemente se acercaron más que cualquier otra tribu de la Galia a resistirse a los avances romanos y a permanecer independientes. Sin embargo, al igual que sus homólogos en el resto de la Galia, finalmente cayeron, y la tierra de los belgas fue anexada como provincia romana.

Boyos

Los boyos constituyeron su hogar en el norte de Italia, Hungría y la República Checa, y son significativos para la cultura celta porque fueron una de las primeras tribus en marchar hacia el sur de Italia y atacar a los romanos. Mantuvieron estrechos lazos con los helvéticos y se unieron a ellos en su lucha contra los romanos, pero fueron derrotados. Los boyos también se pueden encontrar en otras partes de Europa, como en el valle del Danubio y en Europa del Este. Se cree que esta gente es una rama distinta de los boyos que se movieron durante las migraciones celtas, pero que más tarde fueron fortificados por aquellos que huyeron de Italia después de que los romanos los derrotaron y anexaron el norte de Italia a su reino imperial.

Lingones

Los lingones son significativos porque fueron una de las tribus celtas más ricas de la región. Se establecieron en la región entre los ríos Sena y Marne. Debido a su ubicación estratégica en el centro de la Galia, se enriquecieron mediante el establecimiento de redes comerciales entre las diferentes tribus celtas y germánicas que vivían en la región. Después de la romanización, los lingones fueron responsables de acuñar monedas en el Imperio romano, lo que ayudó a mantener su capital, Andematunnum, que fue rebautizada Langres con el tiempo, un importante centro económico del Imperio romano. Sin embargo, los lingones dejaron de ser una cultura celta distinta a finales del siglo I a. C.

Heduos

Los heduos eran otra tribu importante en el centro de la Galia, y su papel en la preparación de las guerras galas ayuda a mostrar por qué los celtas eran tan vulnerables a la conquista en el momento en que Julio César marchó hacia el norte. Específicamente, cuando los heduos fueron invadidos por otra tribu celta, los sécuanos, pidieron ayuda a Roma, y Roma se la prestó. Esto afianzó aún más a los romanos en los asuntos intra-galos. Sin embargo, los heduos terminaron uniéndose a la alianza gala contra los romanos, y cuando fueron derrotados, fueron asimilados a la cultura romana.

Británicos

La cultura celta que permanece en la actualidad está al menos algo relacionada con la de los británicos. Aparecieron por primera vez en las Islas británicas en el primer milenio antes de Cristo, pero sus orígenes exactos siguen siendo desconocidos. Tal vez emigraron junto con el resto de los celtas, o tal vez adoptaron lenguas y normas culturales celtas con el tiempo. Pero sin importar sus orígenes, los británicos demostraron ser los más resistentes.

Más específicamente, resistieron a los romanos durante muchos años, y los habitantes del norte de la isla, los pictos, que pueden o no haber sido celtas, lograron permanecer independientes de los romanos después de la conquista. Esto hizo posible que la cultura celta existiera a lo largo de la época romana y permaneciera hasta el día de hoy. Junto con los gaélicos, los británicos forman la división de los Celtas conocida como Celtas insulares, que contrasta con los Celtas continentales.

Catuvellaunos

Los catuvellaunos eran una de las más poderosas de todas las tribus celtas insulares. Se creía que eran bastante ricos y que podían haber acuñado monedas antes de que los romanos invadieran la zona en el siglo I d. C. Consiguieron expandirse desde su capital, Camulodunum (actual Colchester), y recibieron tributos de varias otras tribus celtas de la región, lo que los convirtió en uno de los mejores ejemplos de un reino celta que tenemos.

Cuando los romanos invadieron en el 43 d. C., los catuvellaunos lideraron la resistencia y continuaron siendo una molestia para los gobernadores romanos durante al menos un siglo. Fueron romanizados, pero su cultura distinta permaneció y condujo a la formación de una cultura romano-británica, que reflejaba tanto la cultura romana como la pre-romana.

Ícenos

Los vecinos del norte de los catuvellaunos, los ícenos, eran otra tribu celta fuerte en el este de Gran Bretaña que jugó un papel clave en la resistencia al dominio romano. El levantamiento liderado por su reina, Boudica, casi saca a los romanos de la isla para siempre. Sin embargo, fueron golpeados y obligados a integrarse en la cultura romana. También hay evidencia de acuñación de monedas de la tribu de los ícenos en los años anteriores a la invasión romana, lo que sugiere que compartían un nivel de riqueza similar al de sus vecinos, los catuvellaunos.

Trinovantes

Los trinovantes eran probablemente el reino más poderoso de Gran Bretaña en el momento de la invasión romana. Eran vecinos tanto de los catuvellaunos como de los ícenos, y probablemente compartían su riqueza. En los primeros años de la intervención romana en Gran Bretaña, los romanos intentaron mantener un equilibrio de poder entre los trinovantes y los catuvellaunos, pero cuando esto fracasó, los romanos no tuvieron otra opción que invadir, lo que llevó a la anexión de Gran Bretaña al Imperio romano.

Ordovicos

Los ordovicos ocuparon el territorio de la costa occidental de Gran Bretaña, que ahora es Gales. Como la mayoría de las tribus celtas de la época, se ganaban la vida cultivando y criando ovejas, pero esto sugiere que probablemente eran menos ricos que sus vecinos del este. Sin embargo, los ordovicos fueron una de las tribus que resistieron el dominio romano, y lideraron una rebelión que expulsó temporalmente a los romanos del oeste de Gran Bretaña.

Gaélicos-Scotti

Los gaélicos son una subdivisión separada de la cultura celta que compartió Gran Bretaña con las diversas tribus británicas en los siglos posteriores a la retirada romana de Gran Bretaña. Scotti es el nombre en latín de los gaélicos, mientras que la palabra Gael es como se llamaban estas personas en su lengua materna. Los gaélicos finalmente se convirtieron en una cultura celta, pero las pruebas de ADN sugieren que sus orígenes pueden provenir de algún lugar de Asia Central.

Después de las invasiones romanas del sur de la Galia, los gaélicos, una tribu local, huyeron de la zona hacia la moderna isla de Irlanda. Los gaélicos expandieron su dominio en Irlanda a lo largo de los siglos siguientes, abarcando la totalidad del dominio romano en Gran Bretaña. Tras la retirada romana de Gran Bretaña a principios del siglo V, los gaélicos comenzaron a expandirse a través del mar de Irlanda hacia el suroeste moderno de Escocia. Así comenzó la cultura gaélica en Gran Bretaña.

Conclusión

Nombrar y describir todas las diferentes tribus que pueden ser identificadas como celtas es una tarea casi imposible. Sin embargo, al mirar solo unas pocas, podemos ver cómo la cultura celta es tan prevalente en Europa -es difícil encontrar un grupo no influenciado por los celtas- pero también tan diversa, lo cual es probablemente la razón por la cual los celtas nunca fueron capaces de organizarse políticamente y traer más uniformidad a su cultura y forma de vida. Como resultado, no es de extrañar que estuvieran en peligro de ser conquistados cuando los romanos se propusieron conquistar territorios controlados por los celtas, comenzando con la conquista de los territorios celtas en el norte de Italia en el año 224 a. C., justo antes del estallido de la Segunda Guerra Púnica.

Capítulo 4 - Los Celtíberos

Aunque la mayoría de la gente no asocia las naciones modernas de España y Portugal con la cultura celta, varias culturas celtas han estado viviendo en la Península Ibérica desde los primeros años de la migración celta. Sin embargo, es posible que los pueblos celtas vivieran en la Península Ibérica ya en el año 1000 a. C. Una vez más, esto plantea interrogantes sobre los orígenes de los celtas. ¿Migraron lentamente desde la zona de Hallstatt? ¿O su cultura se extendió a los pueblos ya existentes hasta extenderse por la mayor parte de Europa?

Por supuesto, puede que nunca sepamos la respuesta. Pero lo que sí sabemos de los celtas en la Península Ibérica es que a menudo se mezclaban con las tribus ibéricas nativas para formar una forma única de cultura celta conocida como celtibérica. Florecieron en la mitad noroeste de la península y fueron los principales opositores de los romanos en su intento de conquistar la tierra que llamaban Hispania.

Los Primeros Problemas con las Civilizaciones Mediterráneas

Las tribus de la Península Ibérica tenían relaciones comerciales de larga data con el resto del mundo antiguo, empezando por los fenicios, que establecieron contactos y colonias en la península a partir de alrededor del año 1200 a. C. en lo que hoy es Lisboa y alrededor del año 1100 a. C. en lo que hoy es Cádiz. Sin embargo, cuando Cartago perdió una parte significativa de las islas del Mediterráneo que gobernó después de la Primera Guerra Púnica de 264 a 241 a. C., los cartagineses decidieron invadir el sur de Iberia como una forma de mantener el tamaño de su imperio, así como su poder.

En aquel momento, Roma también había establecido algunos contactos en la península y había mostrado interés en ampliar su influencia, pero ambas partes acordaron no extender su dominio más allá del río Ebro, que atraviesa el noreste de España. Sin embargo, cuando Aníbal Barca atacó la ciudad ibérica romana de Saguntum, los romanos intervinieron. Esto desencadenó la Segunda Guerra Púnica (218-201 a. C.), que dio lugar a la conquista romana de Iberia. Esto dio a los romanos una fortaleza en la Península Ibérica, un excelente punto de partida para conquistar el resto del territorio. Sin embargo, el territorio que intercambió las manos entre Roma y Cartago durante este período había sido ocupado anteriormente en su mayoría por los íberos y no por los celtas, lo que debería haber mantenido a los celtas fuera del conflicto. No obstante, muchas de las tribus celtas de la península, como los lusitanos y los galaicos, lucharon por Aníbal y Cartago, lo que era una señal de lo que vendría para Roma.

Resistencia a la Dominación Romana

Poco después de que los romanos tomaran el control de la Iberia Cartaginesa, comenzaron a hacer alianzas con las tribus celtibéricas locales para tratar de asegurar la paz en los próximos años. Pero sabían que estos tratados probablemente no pasarían la prueba del tiempo, así que los romanos comenzaron a establecer asentamientos permanentes a lo largo de la costa ibérica. Además, a lo largo de la siguiente década, los romanos comenzaron a importar personas y tecnología, lo que dio inicio al proceso de romanización en el sur de la Península Ibérica. Los generales romanos obligaron a las tribus locales a proporcionarles cantidades fijas de bienes agrícolas, una medida que muy probablemente perturbó el estilo de vida pastoral y seminómada de estas tribus. Todo esto hizo que los locales fueran bastante hostiles a los romanos, y los ibéricos, a menudo con el apoyo de mercenarios celtíberos, resultaron bastante difíciles de gobernar.

Sin embargo, con el tiempo, los romanos lograron subyugar a las tribus ibéricas del sur, pero esto los puso en contacto más cercano con los celtíberos del norte de la Península Ibérica. Temiendo que los romanos continuaran su avance hacia el norte (lo que planeaban hacer), los celtíberos comenzaron a atacar a los romanos por su cuenta, aumentando las hostilidades y forzando a los romanos a dedicar más y más recursos a la pacificación de la península, lo que finalmente condujo a una guerra total entre los romanos y los celtíberos.

Los celtíberos lograron formar coaliciones con otras tribus celtas de la península, como los vacceos y los vetones, para atacar a los romanos. Lo hicieron en 197, 195, 193 y 185, y lograron un éxito considerable, poniendo a los romanos bajo presión y amenazando su capacidad de continuar sus guerras de conquista en Iberia. Sin embargo, con la amenaza de perder territorio cada vez más grande, los romanos se duplicaron y lograron hacer retroceder a las tribus celtíberas, pero no después de haber tenido que luchar en una serie de guerras muy reñidas.

La Primera Guerra Celtibérica

Aunque las tribus celtíberas habían estado luchando contra Roma de una forma u otra desde el final de la Segunda Guerra Púnica, no fue hasta el año 182 a. C., cuando el general romano Quinto Fulvio Flaco incrementó los movimientos militares romanos y conquistó la ciudad de Urbicua que estalló la guerra total. En respuesta a esto, las tribus celtíberas reunieron un ejército de 35.000 hombres, que habría sido uno de los ejércitos más grandes jamás reunidos en la historia celtíbera, un hecho que podemos determinar simplemente mirando los números de población de las tribus celtíberas en ese momento.

Sin embargo, Quinto Fulvio Flaco reconoció la amenaza y también aumentó el tamaño de su ejército, lo que le permitió derrotar a los celtíberos en Aebura, un sitio celtíbero en el centro de España. Una vez conseguida esta victoria, se trasladó a Contrebia, una ciudad que se creía situada cerca de la actual ciudad de Cuenca, donde obligó al ejército celtíbero a rendirse. Quinto Fulvio Flaco entregó su ejército a otro general, Tiberio Semporno Graco, y regresó a Roma.

Graco llevó a cabo varias campañas a lo largo de 179 a. C., derrotando a los celtíberos en Munda, Certima y Alce, todas ellas en el sur de España. En este punto, muchas de las otras tribus celtíberas de la península comenzaron a rendirse a Roma, ya que podían ver que no eran rivales para los ejércitos romanos y que resistir llevaría a la muerte o, peor aún, a la esclavitud. Como resultado, Graco se reunió con varios líderes tribales de Celtiberia para negociar los términos de la paz.

En general, los términos de este tratado eran favorables para los celtíberos, probablemente porque Graco estaba tratando de prevenir futuras guerras y por lo tanto quería hacer amistad con las tribus locales. Para ello, reasentó a algunas de las personas más pobres que vivían en Celtiberia, e impuso un impuesto sobre los cereales que era considerablemente menos exigente que muchos de los impuestos que los romanos imponían a las tribus que conquistaban en otras partes de Europa.

Sin embargo, los romanos impusieron una ley que prohibía a los nativos formar nuevas ciudades, aunque se les permitía fortificar las ya existentes. Esta estipulación causaría más tarde problemas y conduciría a nuevos conflictos entre los romanos y los celtíberos. Pero, en general, este enfoque parece haber tenido bastante éxito desde que Iberia entró en un período de relativa estabilidad durante los próximos veinte años.

Este período también marca el comienzo de la romanización celtíbera. Los romanos establecieron instituciones administrativas y comenzaron a importar a su pueblo para difundir su lengua y sus costumbres. Sin embargo, se necesitarían varias rondas más de lucha para que los celtíberos finalmente cedieran al dominio romano y pasaran a formar parte del Imperio romano.

La Segunda Guerra Celtibérica

Como ya se ha dicho, las condiciones de paz negociadas por Graco ayudaron a establecer la paz en Celtiberia durante casi un cuarto de siglo. Sin embargo, la lucha se reanudaría en el año 154 a. C. cuando la tribu celtíbera, los bellos, abrieron las puertas de su capital a las ciudades circundantes y les permitieron establecerse allí. Al mismo tiempo, comenzaron a construir una nueva muralla.

Los romanos lo interpretaron como un intento de construir una nueva ciudad, lo que habría sido una violación del tratado de paz negociado por Graco. En respuesta, los romanos hicieron peticiones de tributo a los bellos y enviaron un grupo de soldados romanos a la ciudad para recogerlo. El pueblo bello se acercó a los romanos y les dijo que no estaban construyendo una nueva ciudad y que también se les había concedido una exención de tributo. Sin embargo, el Senado romano ignoró estas afirmaciones y se preparó para la guerra, quizás porque estaba preocupado de que los bellos se volvieran demasiado poderosos y por lo tanto se convirtieran en un problema para seguir adelante.

En el año 153 a. C., cuando los bellos se enteraron de que los romanos marchaban hacia ellos para hacer la guerra, huyeron a un territorio ocupado por otra tribu celta, los arévacos, que estaban ubicados en la parte noreste de la península. Esta coalición celtíbera atacó a los romanos por sorpresa, y aunque los romanos ganaron técnicamente, sufrieron fuertes pérdidas. Poco después, los celtíberos se enfrentaron a los romanos en Numancia, una pequeña pero importante ciudad del norte de España. Una vez más, la coalición celtíbera pudo infligir fuertes pérdidas a los romanos, pero esta vez salieron victoriosos. Esta victoria por sí sola habría puesto en peligro a la Celtiberia romana, pero poco después, a los bellos y a los arévacos se les unieron otras tribus celtíberas que estaban ansiosas por liberarse del dominio romano y vieron en ello la oportunidad de hacerlo.

Tras estas derrotas, el mando del ejército romano cambió de manos, y en el año 152 a. C. atacaron la ciudad de Occilis, en el centro-norte de España, y consiguieron tomarla y capturar rehenes. Cuando esto sucedió, la gente de Occilis pidió la paz, pero los romanos no la aceptaron hasta que los bellos y los arévacos también acordaron la paz. Estas tribus terminaron enviando emisarios a Roma para pedir la paz, que les fue concedida, y en el año 151 a. C., la Segunda Guerra Celtibérica llegó a su fin.

Sin embargo, los combates aún no habían terminado. En el año 151 a. C., Lucio Licinio Lúculo, el nuevo cónsul, tomó el control de las legiones romanas en Hispania, y comenzó a atacar a los vacceos, otra tribu celta del norte de España. Estas acciones nunca condujeron a una guerra total, aunque los celtíberos pidieron a Roma que castigara a su oficial por sus acciones. Es posible que esta petición haya sido ignorada porque el Senado romano pudo ver que se estaban acercando a la pacificación total de la península y, por lo tanto, consideró innecesario continuar complaciendo a los reclamos celtíberos. Sin embargo, también es posible que el Senado romano simplemente no estuviera interesado en ayudarlos porque los lusitanos se estaban rebelando en la parte occidental de la península, lo que habría resultado ser una gran distracción de la difícil situación de los celtíberos.

La Guerra Numantina y la Romanización

Después del final de la Segunda Guerra Celtibérica, Roma estuvo más cerca que nunca de pacificar completamente a Hispania y completar su anexión a su imperio. Además de luchar contra la mayoría de las tribus celtíberas de la península, los romanos también habían logrado someter a los rebeldes lusitanos. Sin embargo, después del final de la Guerra de Lusitania, su líder, Viriato, huyó al territorio de arévacos para unirse a los celtíberos para una última batalla contra los romanos.

Al principio, las cosas se veían bien para esta coalición celtíbero-lusitana. Fueron capaces de ganar varias victorias en los primeros años de la guerra (143-138 a. C.), y el comandante romano de la época en realidad negoció la paz con las tribus.

Los combates continuaron durante los siguientes años hasta que ambos bandos se reunieron en Numancia en el año 134 a. C. Aquí, los romanos consiguieron una victoria decisiva que puso fin a la Guerra Numantina. La paz que se negoció tras esta batalla marcó el final de los conflictos entre romanos y celtíberos, y aunque las tribus ibéricas seguirían causando problemas a los romanos durante el próximo siglo, marcó el inicio oficial de la romanización y el final de las culturas celtas autónomas en la Península Ibérica.

Conclusión

La historia de los celtas en Iberia es muy similar a la de los celtas en la Galia. El hecho de que las tribus celtíberas solo estaban unificadas por el idioma y que carecían de organización política las convirtió en un blanco fácil para los romanos invasores. Así que, aunque su legendaria cultura guerrera les permitió infligir grandes pérdidas a los ejércitos romanos y resistirse a su dominio durante algún tiempo, en última instancia les fue imposible evitar la conquista y el proceso de romanización. Como resultado, aunque algunos de los habitantes actuales de España reconocen su herencia celta, hay pocos rastros tangibles de la cultura que queda en la península.

Capítulo 5 - Las Guerras Galas

Para el año 200 a. C., los celtas habían pasado de ser una cultura pequeña pero distinta que tenía su hogar en la zona de Hallstatt alrededor del río Danubio a ser una fuerza cultural significativa en toda Europa. Sin embargo, las diferencias que existían entre las diferentes tribus a las que ahora nos referimos como celtas, combinadas con su falta de unidad política y su dependencia de las incursiones, limitaron la influencia que los celtas podrían haber tenido en el desarrollo general de Europa.

Es imposible saber si estas circunstancias habrían cambiado si las diversas tribus celtas que viven en Europa hubieran tenido más tiempo para reunirse como una sola. Poseían una ventaja significativa, ya que compartían una lengua y una cultura comunes, y muchas de las tribus que operaban en la Galia (Francia), así como en Suiza, Alemania y Bélgica, habían logrado establecer fuertes vínculos comerciales tanto con los griegos como con los romanos, lo que les ayudó a enriquecerse considerablemente. Sin embargo, la competencia entre las diferentes tribus, exacerbada por su dependencia de las incursiones, así como su analfabetismo, significaba que los celtas también estaban listos para la conquista. Roma estaba creciendo en poder en ese momento y pronto se convertiría en el imperio dominante en la región, remodelando la sociedad e inculcando los valores y la cultura romana en las muchas culturas diferentes que se encontraban bajo la jurisdicción de Roma. Debido a esto, la historia de los celtas después de la migración celta está estrechamente ligada a la historia de Roma, en gran parte porque la expansión romana en Europa Occidental se produjo a expensas de los celtas. Aunque la cultura celta permanece hasta el día de hoy, nunca sería tan prominente como lo era antes de que los romanos llevaran sus legiones al territorio que llamaban Galia.

Confederaciones Galesas

Para entender las guerras galas entre los ejércitos de César y el pueblo de la Galia, es importante entender cómo se organizaba la Galia de entonces. Hemos mencionado antes que no había una estructura política uniforme, pero para cuando los romanos subieron al poder, las diversas tribus que vivían en la Galia, especialmente las celtas que compartían un idioma común y una ascendencia común, a menudo trabajaban juntas para facilitar el comercio y proveer para la defensa común. Sus principales enemigos eran los pueblos germánicos que vivían en gran parte de lo que es la nación moderna de Alemania y que, como los celtas en el primer milenio antes de Cristo, estaban experimentando su propia migración y expansión. Sin embargo, en algunos casos, como en el caso de los belgas, las tribus celtas y germánicas se unieron y formaron redes comerciales que condujeron a una coexistencia pacífica entre los dos grupos étnicos diferentes.

Sin embargo, estas confederaciones no eran estructuras políticas organizadas, sino que eran acuerdos más bien flojos entre muchas tribus diferentes. Estaba prohibido que una sola persona se convirtiera en rey de la confederación, y la pena por intentarlo era la muerte. Sin embargo, la necesidad de incursiones continuas para mantener la estructura social celta significaba que las tribus que estaban aliadas entre sí también estaban frecuentemente en guerra entre ellas, uniéndose solo cuando había una amenaza del extranjero, específicamente de las tribus germánicas.

Para los romanos, todos los galos o celtas eran iguales. Hablaban el mismo idioma y tenían una cultura similar, y por eso los romanos se referían al territorio ocupado por estos pueblos simplemente como galo. Sin embargo, asumir que esto significaba que había una estructura política o social efectiva y uniforme en la Galia es incorrecto. Los conflictos se producían con frecuencia entre los miembros de la misma confederación, y había pocos sistemas para ayudar a las tribus implicadas a tratar estos conflictos de forma pacífica.

Los Romanos y los Celtas

Como se mencionó anteriormente, los romanos y los celtas entraron en contacto entre sí durante la migración celta cuando los celtas entraron y pasaron por el valle del Po y saquearon Roma en el año 390 a. C. Sin embargo, los romanos no se tomaron esta derrota a la ligera, y para el año 283 a. C., se habían recuperado lo suficiente como para comenzar a marchar contra las tribus celtas en Italia, lo que les hizo sentir que representaba un riesgo para la seguridad de Roma. Los romanos derrotaron a la tribu celta más poderosa de Italia, los senones, y los expulsaron de Italia. Finalmente, los celtas fueron restringidos al Valle del Po.

Pero los romanos no se habían librado de los celtas todavía. La Primera Guerra Púnica (entre Roma y Cartago) comenzó en el año 264 a. C. y duró hasta el año 241 a. C., lo que significó que los romanos no prestaron mucha atención al norte de Italia. Así, las tribus celtas, que seguían migrando desde el otro lado de los Alpes, empezaron a tomar el control de más y más territorio. Específicamente, los boyos se asociaron con otras tribus celtas, como los gaesatae, los insubros y los taurisci, y comenzaron a marchar hacia el sur, hacia Italia. Sin embargo, fueron detenidos en Telamón en el año 225 a. C., y los romanos siguieron con campañas que les permitieron recuperar territorio que los boyos habían conquistado.

Un breve período de paz vino después, pero luego Aníbal empleó mercenarios celtas en la Segunda Guerra Púnica (218-201 a. C.) mientras marchaba hacia Roma, pero los celtas fueron una vez más incapaces de vencer a los romanos en la batalla. La victoria romana sobre Cartago en la Segunda Guerra Púnica eliminó el peligro para el sur, y esto permitió a los romanos volver a prestar atención a las partes del norte de Italia controladas por los celtas.

Los resultados de este esfuerzo fueron un tratado de paz con la tribu de los cenómanos en 225 a. C., la conquista de Como en 196 a. C. y el establecimiento de una colonia en Bolonia en 196 a. C. Estos logros pacificaron con éxito la parte norte de Italia. Sin embargo, esto no impidió que las tribus celtas cruzaran los Alpes y entraran en el Valle del Po, y debido a que estas tribus no habrían tenido ninguna afiliación o conexión con las que ya estaban en Italia, allanaron los asentamientos romanos como quisieron, creando problemas para los romanos durante la siguiente década.

Típicamente, el ejército romano, que era mucho más fuerte y organizado que los celtas, era casi siempre capaz de hacer retroceder a los celtas y retomar territorio, pero esta guerra constante agotó los recursos romanos y les hizo difícil enfocar su atención en otros lugares. Esta es la razón por la que la conquista y pacificación de toda la Galia se convirtió en un objetivo primordial para los romanos en el siglo I a. C., especialmente con el surgimiento de Julio César y la fundación del Imperio romano.

El Ascenso de César

Aunque Julio César subió al poder en el sur de España, que estaba bastante lejos de las tribus celtas más cercanas que estaban en el norte de España, su ascensión en la política romana es significativa para la historia de los celtas en el sentido de que condujo a su eventual conquista. César fue elegido cónsul de Roma -el cargo político más alto de la República romana- en el año 59 a. C., pero para ello tuvo que endeudarse políticamente con un hombre llamado Craso, otro ciudadano romano considerablemente poderoso que desempeñó un papel importante en la determinación de los asuntos públicos de Roma. Esto se debe a que César había contraído una buena parte de la deuda financiera durante su tiempo como gobernador en España, y Craso cubrió su deuda a cambio de apoyo político.

Sin embargo, después de que el mandato de César como cónsul terminó a finales del 59 a. C., se le otorgó el control de la Galia Cisalpina (norte de Italia), Ilírico (la actual nación de Croacia), y más tarde, la Galia Transalpina (sur de Francia). Esto le dejó con una considerable cantidad de poder, y debido a que todavía tenía varias legiones bajo su mando, también significaba que tenía los medios para salir en campañas militares, algo que le habría proporcionado el botín necesario para pagar su deuda.

César finalmente se movería sobre las tribus de toda la Galia, que eran casi todas celtas, pero en realidad esta no era su intención inicial. Como ya se ha dicho, los romanos habían establecido buenas relaciones con las diferentes tribus celtas de la Galia, y esto había hecho que estas culturas fueran ricas y poderosas. En cambio, César planeaba marchar sobre las tribus germánicas al norte de la Galia, en gran parte porque ellos mismos habían estado avanzando hacia el sur, un movimiento que César interpretó como una amenaza. Sin embargo, cuando los celtas se enteraron de las intenciones del César de mudarse al norte, interpretaron esto como una declaración de guerra contra ellos, y ellos también comenzaron a prepararse para la batalla. César tomó esto como un acto de agresión, así que cambió su objetivo y comenzó a marchar hacia la Galia para conquistar las diversas tribus que habían estado ocupando el territorio.

Todo esto significa que la decisión del César de lanzar las guerras galas contra las diversas tribus celtas de la Galia fue en realidad el resultado de una serie de malentendidos e interpretaciones erróneas. Sin embargo, sin importar la razón, César estaba marchando hacia el norte, y esto tendría un profundo impacto en la cultura y la historia celta.

Comienzan las Guerras Galas: César invade a los Helvéticos- 58 a. C.

Los helvéticos eran una combinación de tribus que vivían en el territorio entre los ríos Ródano y Rin. Según los registros romanos, había cuatro tribus diferentes que formaban los helvéticos y que cooperaban entre sí. Sin embargo, como era el caso en gran parte del mundo celta, los helvéticos no parecen haber tenido reyes. En cambio, estaban gobernados por una clase de élites, o nobles, todos los cuales eran responsables de mantener el control sobre la población a través del uso de la estructura social de los "bienes de prestigio".

Según las cifras del supuesto censo de César, los helvéticos sugieren que había unos 263.000 helvéticos viviendo en la meseta suiza, pero los eruditos modernos dudan de que este número sea exacto y creen que era mucho menor. Sin embargo, los helvéticos eran la cultura más dominante en la región antes de que Julio César marchara con sus ejércitos hacia el norte en busca de la conquista.

Más tarde en su vida, César escribió sobre sus conquistas en territorio galo y habló sobre lo que él consideraba una migración masiva de los helvéticos desde la meseta suiza hacia el suroeste de la Galia. Y aunque sabemos que los helvéticos pronto comenzaron a marchar de su patria hacia la Galia, es imposible saber si esta migración fue realmente un deseo de conquistar el territorio controlado por los romanos, si fue simplemente un intento de escapar de los romanos mientras marchaban hacia el norte, o si fue para alejarse de las tribus germánicas que estaban comenzando a desplazarse hacia el sur y a invadir el territorio de los helvéticos.

Pero no importa el motivo, sabemos que en el año 58 a. C., después de la muerte del famoso líder de los helvéticos, Orgetórix, posiblemente por su propia mano o posiblemente por la de aquellos que pensaban que estaba conspirando con otros líderes celtas para convertirse en rey, los helvéticos de Suiza comenzaron a trasladarse hacia el oeste, hacia la Galia. César escribió que quemaron sus casas antes de partir para convencer a los miembros indecisos de la tribu de que se unieran a ellos en su migración, pero esto ha sido difícil de probar con pruebas arqueológicas.

Sin embargo, los helvéticos lograron convencer a varias otras tribus celtas, como los latobrigos, los tulingos, los rauracos y los boyos, para que se unieran a ellos en su viaje. Y no importa la razón de su movimiento, está claro que sucedió, y se cree que estas tribus se dirigían hacia la costa occidental de Francia, la actual región de Saintonge. Esto habría significado que tendrían que pasar directamente por el valle del Ródano, controlado por los romanos, preparando el terreno para una confrontación con César.

César Responde
Cuando César oyó hablar de los movimientos de helvéticos, estaba al sur de los Alpes y solo había dejado una legión de soldados en la Galia transalpina, la región que estaba siendo amenazada por los movimientos de los celtas hacia el oeste. Rápidamente partió hacia Ginebra para comenzar a preparar su defensa, y mientras tanto, ordenó la destrucción del puente del Ródano. Los celtas intentaron negociar un paso pacífico sobre el río, pero César se negó, y mientras se llevaban a cabo las negociaciones, César construyó una trinchera de 19 millas (30,4 km) cerca del río en preparación para una batalla contra los helvéticos migrantes.

Al darse cuenta de que no podrían pasar a través de la Galia transalpina porque César no se lo permitía, los helvéticos comenzaron a negociar con otras tribus celtas de la zona para asegurar el libre paso a través de la Galia hasta su destino en la costa occidental de la actual Francia, que consiguieron asegurar. Esto puso a los helvéticos en el lado occidental del río Ródano en el territorio de los sécuanos, donde comenzaron a atacar a las tribus que llamaban a esta región su hogar mientras continuaban moviéndose hacia el oeste.

Incapaz de impedir que los helvéticos destruyeran su tierra, robaran sus bienes y mataran a su gente, las tribus galas aliadas a los romanos pidieron a César que les ayudara a defenderse, y César estuvo de acuerdo. Se llevó cuatro legiones e intentó emboscar a los helvéticos en el río Arar, un río del este de Francia que también es afluente del Ródano. Sin embargo, cuando él y sus ejércitos llegaron allí, la mayoría de los helvéticos ya habían cruzado, pero una cuarta parte de ellos permanecieron en el lado oriental del río. La batalla que siguió, la Batalla del Arar, también conocida como la Batalla del Saona, resultó en la destrucción total de esta parte del ejército de helvéticos.

La Batalla de Bibracte
Lo que quedaba del ejército de helvéticos continuó hacia el oeste en su viaje hacia su nueva patria, pero César y sus ejércitos lo siguieron en su persecución. Los helvéticos pudieron ganar victorias sobre los heduos, una tribu celta que se había aliado con César, pero los romanos finalmente pudieron alcanzar a los helvéticos cerca de Bibracte, el principal fuerte de la colina en el territorio de los heduos que servía como capital de facto de la tribu. Una vez allí, los dos bandos participaron en la acalorada batalla de Bibracte, que duró un día entero y que resultó en una victoria romana.

Después de la batalla, el futuro parecía sombrío para los helvéticos, y los que habían sobrevivido dejaron todo lo que tenían y continuaron hacia el oeste. Con un rápido movimiento, los helvéticos cubrieron alrededor de sesenta kilómetros de territorio en solo cuatro días, llegando a las tierras de los lingones, otra tribu celta ubicada en el centro de la Galia. Pero cuando llegaron, se les negó el apoyo que habían pedido porque César había enviado mensajeros advirtiendo a los lingones de las posibles consecuencias de proporcionar apoyo a los helvéticos. Esto dejó a los helvéticos sin otra opción que rendirse, lo que hicieron, aunque unos 6.000 hombres huyeron e intentaron escapar. César les dijo a sus tropas que los siguieran y capturaran, y podemos asumir que aquellos que no fueron asesinados probablemente fueron vendidos como esclavos.

Incorporación de los Helvéticos
Una vez capturado, César hizo un censo de los restantes celtas, y este estudio muestra que solo alrededor del treinta por ciento de los helvéticos y sus aliados que dejaron sus hogares en el año 58 a. C. sobrevivieron. Sin embargo, hay razones para sospechar que estas cifras son exageradas, tanto por los motivos políticos de César (que estaba tratando de ganar más poder en Roma y lograr una victoria militar significativa contra los galos habría logrado esto) y también por la forma en que César trató a los helvéticos que sobrevivieron, ya que les permitió regresar a su patria para reconstruirla y vivir en paz. También hizo los arreglos necesarios para asegurar que tuvieran todos los suministros necesarios para sobrevivir y prosperar, y los

helvéticos también fueron nombrados como una de las pocas tribus que se convirtieron en *foederati*, que era una tribu a la que se le permitía establecerse en territorio romano y vivir relativamente libre a cambio de proporcionar apoyo militar a los romanos cuando surgiera la necesidad.

La concesión de este prestigioso estatus a los helvéticos sugiere que pueden haber sido un oponente más difícil de lo que César creía, pero también había razones estratégicas para permitir que los helvéticos regresaran a su tierra natal, principalmente porque servían como un buen amortiguador entre las tierras controladas por los romanos y las tribus germánicas al norte del río Rin. Pero no importa el motivo, una cosa es segura: después de las campañas de César contra los helvéticos, esta tribu celta en particular dejó de causar problemas a los romanos, y pronto fueron absorbidos por el Imperio romano y su forma de vida.

Las Campañas de Suevos y Belgas

Después de que César derrotó a los helvéticos, muchas de las otras tribus celtas lo felicitaron por restaurar la paz y el orden en la región, un excelente ejemplo de cómo los romanos se habían convertido en árbitros de los asuntos intra-galos. Sin embargo, esta relación terminaría sirviendo como una justificación para el deseo del César de moverse contra algunas de las tribus germánicas del norte. Recuerde, César estaba haciendo campaña en este momento en parte para defender a Roma y asegurar más territorio para la República romana, pero también para ganar dinero para pagar sus deudas y para construir su prestigio y poder político en Roma.

César pudo utilizar sus buenas relaciones con los celtas cuando una tribu germánica, los suevos, comenzaron a organizar una ofensiva contra algunos de los celtas que vivían en la región del río Rin. El líder de los suevos, Ariovisto, había sido declarado amigo de Roma, lo que significaba que César no podía atacarlo sin dañar significativamente su capital política en Roma. Pero Ariovisto continuó marchando hacia el oeste a territorios controlados por tribus celtas leales a Roma, y aunque César no podía poner en movimiento sus ejércitos, le dijo a Ariovisto que no podía cruzar el

Rin hacia la Galia y que debía tratar amablemente a los galos que conquistó.

Ariovisto aceptó estos términos en principio, pero los rompió rápidamente cuando cruzó el Rin en el año 58 a. C., entrando en la Galia y amenazando la autonomía de las tribus celtas que vivían allí. César envió sus tropas a Vesontio, una ciudad situada en la frontera franco-suiza, pensando que este era el objetivo de Ariovisto. Mientras Ariovisto se dirigía en esta dirección, es difícil saber con seguridad si ese era el propósito de su avance hacia la Galia.

Cuando Ariovisto se enteró de los movimientos del César, envió a varios emisarios a negociar, y ellos acordaron una tregua, pero Ariovisto rompió esta tregua cuando sus hombres atacaron a algunos de los hombres del César por su propia voluntad. Sin embargo, César, aun tratando de evitar ir en contra de los deseos del Senado, no quería atacar a Ariovisto, sino más bien atraerlo a la batalla, lo que finalmente logró hacer a través del uso de escaramuzas. César desató entonces todo el poderío de su ejército y derrotó al de Ariovisto, forzándolos a volver a cruzar el Rin y poniendo fin a la amenaza de la invasión germánica. Esta victoria ayudó a César a fortalecer las relaciones con las tribus celtas de la región, ya que demostró que estaba dispuesto a enfrentarse a poderosos enemigos y a protegerlos incluso cuando no le convenía políticamente.

Una historia similar se produjo en las regiones septentrionales de la Galia, en la actual Bélgica, entre las tribus belgas y los celtas. Los belgas eran una tribu poderosa en la Galia; algunos creen que esta tribu hablaba celta y otros que hablaba un idioma germánico. Pero sin importar cuál fuera su origen exacto, eran una cultura guerrera, y en el año 57 a. C., atacaron a una tribu celta que se había aliado con Roma, empujando a César a la acción. Sin embargo, antes de que César pudiera atacar, sus ejércitos fueron emboscados por los nervios, una de las tribus belgas más poderosas de la época. Pero César se reagrupó y marchó sobre los belgas, derrotándolos firmemente y dándole el control sobre la región a la que ahora nos referimos como Bélgica.

Asegurando el Resto de la Galia

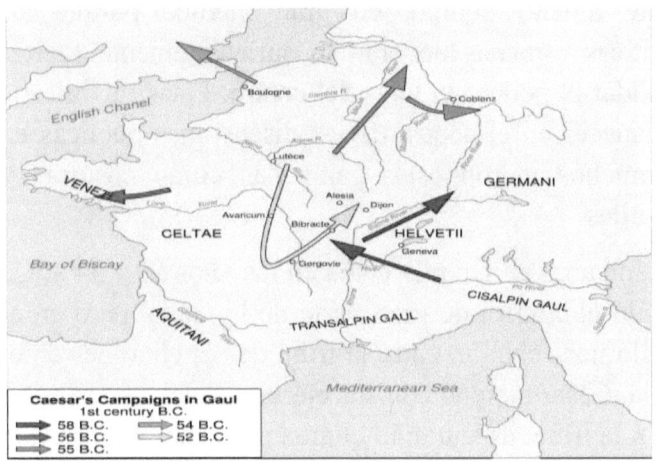

Fuente:
https://commons.wikimedia.org/w/index.php?curid=18316812

Después de derrotar a los nervios y poner a los belgas bajo control romano, las ambiciones de César cambiaron considerablemente. Más específicamente, en lugar de servir como intermediario entre varias tribus celtas y germánicas, César comenzó a buscar la conquista de estos territorios para poder añadirlos a la República romana y ampliar su prestigio político. Por ejemplo, después de sus victorias en Bélgica en el 57 a. C., César se trasladó hacia el oeste y subyugó a los venecianos, una tribu celta que vivía en la costa noroeste de Francia, en la actual región de Bretaña. Ganó victorias rápidas, y para el año 56 a. C., esta tribu había sido incorporada al mundo romano.

Poco después, casi al mismo tiempo que se relacionaba con las tribus germánicas al este del Rin, César lanzó una serie de invasiones contra los británicos, la tribu celta que vivía en la actual Gran Bretaña. Pero el mal tiempo y la subestimación del tamaño y la fuerza de los británicos debilitaron a los romanos y casi los llevan a la derrota. Sin embargo, César pudo reagruparse, y regresó a Gran Bretaña en el año 54 a. C. con un ejército mucho mayor, conquistando a los británicos y a los catuvellaunos, otra poderosa tribu celta de Gran Bretaña. Sin embargo, no pudo mantener estos territorios durante mucho tiempo, en gran medida porque las instituciones políticas romanas no eran lo suficientemente fuertes como para consolidar el poder tan lejos del centro. Estas victorias le ayudaron a permanecer en el centro de las discusiones públicas en Roma, aunque muchos vieron estas campañas como costosas y esencialmente inútiles.

Después de sus campañas en Gran Bretaña en los años 55 y 54 a. C., César había ganado el control de gran parte de la Galia, pero en el año 53 a. C. estalló una rebelión entre la tribu de los eburones en el noreste de la Galia. César marchó con sus ejércitos hacia el territorio y casi exterminó a la tribu, asegurando el área para los romanos. Sin embargo, la rebelión no había terminado en la Galia. Al sur, la tribu de los arvernos, otro grupo de celtas y uno de los más poderosos de toda la Galia, lanzó un levantamiento contra Roma en el año 52 a. C. Cuando hicieron esto, reunieron a muchas tribus celtas para unirse a su causa, convirtiendo esto en una rebelión gala a gran escala. No queriendo perder las ganancias que había conseguido en los años anteriores, César decidió responder con fuerza.

La Batalla de Alesia

Unidos bajo el rey y jefe de la tribu arvernos, Vercingetórix, los celtas que habían elegido rebelarse contra César mientras él estaba haciendo campaña en el norte de la Galia y en Gran Bretaña se encontraban en un peligro significativo en el año 52 a. C., ya que los galos rebeldes se estaban quedando sin lugares a los que ir. Vercingetórix, en lugar de rendirse o intentar enfrentarse a César en la batalla, decidió retirarse a Alesia, un importante centro de población para los mandubios, que era una confederación de tribus celtas que ocupaban gran parte de lo que hoy es el centro de Francia.

Viendo esto como una oportunidad para aplastar la rebelión gala de una vez por todas, César marchó con sus ejércitos a Alesia y decidió sitiar la ciudad, con la intención de aislarla de todos los suministros hasta que los ejércitos celtas del interior murieran de hambre o se rindieran. Las estimaciones indican que había alrededor de 80.000 personas dentro de las murallas de Alesia, y para cortarlas, César construyó un conjunto de fortificaciones alrededor de la ciudad de diez millas (dieciséis kilómetros) de largo. La lucha tuvo lugar durante la construcción, pero los romanos fueron capaces de luchar contra ellos. Sin embargo, como Vercingetórix pudo sacar a algunas de sus tropas y enviarlas a otras partes de la Galia para reunir apoyo para la defensa de Alesia, César tuvo que embarcarse en proyectos de construcción aún más ambiciosos.

Por ejemplo, construyó trincheras a unos 500 m detrás de las líneas romanas y también construyó parapetos y vallas para facilitar a sus soldados la defensa contra un ataque desde la ciudad o desde atrás.

Sin embargo, aunque las fortificaciones militares de César eran elaboradas y efectivas, lo que realmente le ayudó a ganar esta batalla fue la disminución del suministro de alimentos de Alesia y su despiadado trato a los rebeldes. Por ejemplo, ante la rápida disminución del suministro de alimentos, Vercingetórix envió fuera de la ciudad a las mujeres y niños de la ciudad, esperando que César los tomara como rehenes y los alimentara, pero él se negó, por lo que los galos no tuvieron más remedio que intentar atacar.

Cuando llegaron los ejércitos de otras partes de la Galia, Vercingetórix ordenó un doble ataque en el que los que estaban dentro de la ciudad atacaron las partes interiores de la línea romana y los que estaban fuera atacaron la parte trasera. Sin embargo, esto no tuvo éxito. Después de varios días más de intentos similares, Vercingetórix y sus otros comandantes se dieron cuenta de que no podrían derrotar a los romanos, por lo que decidieron rendirse, poniendo fin a la rebelión gala y poniendo a toda la Galia firmemente bajo control romano. Esta batalla fue la última vez que los galos pudieron resistir seriamente el dominio romano, y marcó el final efectivo de las guerras galas. César fue honrado por el Senado romano por su victoria, y Galia se convirtió en una provincia de Roma.

Con el tiempo, la gente que vivía en la Galia, especialmente los celtas, se incorporaron al Imperio romano y adoptaron el estilo de vida romano, alcanzando finalmente el estatus de ciudadanos. Sin embargo, durante los primeros años de la romanización, algunos aspectos de la cultura celta se mantuvieron, principalmente su idioma. Pero con el tiempo, la influencia romana se hizo tan fuerte que el celta continental desapareció y fue reemplazado por el latín vulgar.

Conclusión

Las guerras galas de César fueron significativas en el sentido de que convirtieron oficialmente a la Galia en territorio romano. Además, su victoria le valió un prestigio considerable en Roma, y utilizó este poder para iniciar la guerra civil que finalmente le llevó a ser nombrado el dictador militar supremo de Roma. Cuando esto sucedió en el año 45 a. C., allanó el camino para que se formara el Imperio romano. La Galia se dividió en varias provincias y gobernó según la costumbre romana. La formación del imperio después de la conquista de la Galia lanzó una nueva era en la historia romana y cambió el curso de la historia humana para siempre.

Sin embargo, al mirar este momento de la historia desde la perspectiva de los celtas, es difícil decir cuál fue el impacto. Algunos argumentan que ser conquistado por los romanos y ser incorporado al Imperio romano fue algo bueno. Trajo estabilidad a la región, poniendo fin a las constantes luchas internas que definieron gran parte de la historia celta hasta ese momento. Pero, por otro lado, detuvo un período de crecimiento en la historia celta. Quién sabe qué habría sido de esta cultura si se le hubiera dado la oportunidad de desarrollarse más después de la migración celta.

Otra cosa importante que surgió de las guerras galas es que el centro de la cultura celta se trasladó de la Europa continental a la insular. César logró conquistar brevemente algunas de las tribus en Gran Bretaña, pero estas ganancias no duraron, y muchas de estas tribus permanecieron libres e independientes.

Y con el resto de los territorios controlados por los celtas continentales incorporados al Imperio romano, las Islas Británicas se convirtieron en el centro del desarrollo cultural y lingüístico celta, y los remanentes de la cultura celta que aún existen hoy en día provienen de estos celtas que lograron mantenerse relativamente libres del control romano.

Capítulo 6 - Los Celtas Insulares

La evidencia arqueológica sugiere que los celtas comenzaron a asentarse en el área ahora conocida como Gran Bretaña durante el primer milenio antes de Cristo, haciendo de este movimiento parte de la migración celta en general desde la zona de Hallstatt. Sin embargo, no queda claro si esta transformación cultural fue o no el resultado de una invasión de la cultura celta similar a la que vimos en Europa Central o si fue más gradual.

Hoy en día, las principales teorías sugieren que los pueblos celtas lograron cruzar el Canal de la Mancha en algún momento alrededor del año 500 a. C. y comenzaron a mezclarse con las poblaciones locales, creando una identidad étnica única. Sin embargo, independientemente de cómo sucedió esto, sabemos que en el siglo I a. C., el celta era el idioma dominante en la isla, y mientras el resto del mundo celta estaba siendo absorbido por la cultura romana, los celtas en Gran Bretaña lograron mantener una fuerte identidad cultural que ha ayudado a mantener viva la cultura celta hasta el día de hoy.

Sin embargo, al igual que sus contrapartes culturales en la Galia, los celtas insulares llegarían a formar parte del Imperio romano, lo que ayudó a reducir la influencia cultural celta en la región. Pero a diferencia de las Galias, los celtas en Gran Bretaña resistieron la conquista completa, ayudando a mantener viva la cultura. Sin embargo, después de la caída del Imperio romano, la isla fue invadida por los anglosajones, una tribu germánica, y cuando esto sucedió, los celtas fueron relegados a las afueras de la sociedad, empujando a la cultura celta aún más profundamente en nuestra identidad cultural colectiva.

Contacto Inicial con los Romanos
Como ya se ha dicho, la cultura celta insular se desarrolló gradualmente a lo largo del primer milenio a. C. Al igual que en la Galia, los celtas insulares lograron establecer relaciones comerciales pacíficas con los romanos. Su principal recurso natural, el estaño, había sido una mercancía deseada por las antiguas civilizaciones, como los griegos, fenicios y cartagineses, desde mediados del primer milenio antes de Cristo, y a medida que Roma se hizo más poderosa, también estableció lazos económicos que ayudaron a crear más prosperidad en la Gran Bretaña pre-romana.

Sin embargo, a diferencia de lo que ocurría en la Galia, donde los romanos interfirieron con frecuencia en los conflictos políticos para mantener la paz y mantener intacta la cultura celta como una forma de construir un amortiguador entre Roma y las tribus germánicas, los romanos tenían poca influencia en las relaciones tribales de Gran Bretaña. Sin embargo, tenían la ambición de atraer a Gran Bretaña más firmemente bajo su control, y esto sería una de las principales preocupaciones de los romanos durante los primeros 100 años del imperio.

La primera persona que intentó conquistar Roma fue, como se mencionó, Julio César. Cruzó el Canal de la Mancha en el año 55 a. C., pero el mal tiempo le hizo dar la vuelta. Sin embargo, cuando regresó a la isla en el año 54 a. C., conquistó con éxito grandes porciones del sur de Gran Bretaña para la República romana, y fue capaz de establecer un rey amigo de los romanos, Mandubracio, como líder de los trinovantes, ayudando a influir en el equilibrio de poder en Gran Bretaña hacia los romanos. Con el apoyo de Roma, los Trinovantes pudieron recoger tributos de muchas de las otras tribus celtas de la región. Sin embargo, cuando César se fue, la mayoría de los historiadores están de acuerdo en que estos pagos de tributo se detuvieron, lo que fue una señal de que la influencia romana en la región no era tan fuerte como la de César y los romanos pensaron que lo era cuando establecieron sus primeros asentamientos en la región.

Durante los siguientes 100 años, los romanos no hicieron otro intento de conquistar Gran Bretaña. En cambio, parecían contentos de permitir y apoyar un equilibrio de poder entre las dos tribus más poderosas de la isla, los trinovantes y los catuvellaunos, ambos celtas. Esta parecía ser la mejor manera de mantener la paz en la región y mantener relaciones comerciales estables entre la gente del Imperio romano.

Sin embargo, después de la guerra civil que llevó a la caída de la República romana en el año 27 a. C. y al comienzo del Imperio romano, los romanos comenzaron a consolidar su poder en tierras conquistadas, estableciendo provincias y exportando su lengua y normas culturales. En los primeros años del Imperio romano, en algún momento de la década de los 40 d. C., este equilibrio de poder comenzó a romperse. Los catuvellaunos habían conseguido varias victorias sobre los trinovantes, y tenían la ambición de extender su poder en Gran Bretaña. Específicamente, comenzaron a amenazar a los atrebates, una tribu belga que tenía una alianza con los romanos que se remonta a los tiempos de Julio César. Este cambio en la situación política en Gran Bretaña inspiró al emperador romano, Calígula, a reunir una fuerza y lanzar una invasión de Gran Bretaña.

Roma invade Gran Bretaña

En el 40 d. C., Calígula fue el primer romano desde César que intentó invadir Gran Bretaña, pero por razones desconocidas debido a la falta de fuentes escritas, Calígula no logró cruzar el Canal de la Mancha y llevar a cabo su invasión. Sin embargo, cuando se dio cuenta de que no podría invadir, ordenó a sus tropas que construyeran chozas a lo largo de la costa gala, facilitando al próximo emperador, Claudio, el lanzamiento de un ataque a gran escala contra las tribus celtas que vivían en Gran Bretaña.

Claudio nombró a Aulo Plaucio, un estimado político y general romano, para liderar la invasión, y reunió un ejército de alrededor de 40.000 soldados. El foco de la invasión fue el sureste de Gran Bretaña, ya que esta era la parte más rica y económicamente más importante de la isla.

Mientras los romanos se preparaban y lanzaban su invasión, las diversas tribus británicas (todas celtas de una u otra forma) comenzaron a unirse para luchar como uno solo y proteger su patria. Sus líderes eran Togodumno, el rey de la tribu catuvellaunos, y su hermano, Carataco. Sin embargo, antes de que comenzaran los combates, la tribu dobunni, que no era celta pero que había estado rindiendo homenaje a los catuvellaunos, se rindió a los romanos, debilitando la capacidad de los catuvellaunos para convocar a la gente a unirse a su ejército y luchar contra Roma.

Desafortunadamente, debido a la información conflictiva en las fuentes de las cuales disponemos, no podemos decir con certeza dónde partieron los romanos para su invasión ni dónde desembarcaron, y hay mucho debate entre los historiadores sobre este tema. Pero lo que sí sabemos es que la primera confrontación entre los romanos y los celtas británicos tuvo lugar en el río Medway, que está cerca de la actual ciudad de Rochester, y la batalla subsiguiente, la batalla de Medway, marca el comienzo oficial de la conquista romana de Gran Bretaña.

La Batalla de Medway

En el momento de la invasión romana de Gran Bretaña, los legionarios romanos eran, con mucho, la unidad militar más poderosa de Europa Occidental. Sin embargo, al poner el río Medway entre ellos y los romanos, los celtas pensaron que tenían suficiente ventaja defensiva para mantener a los romanos a raya y proteger su patria. Sin embargo, estaban equivocados. Los romanos, utilizando soldados especialmente entrenados, nadaron a través del río y comenzaron a atacar a la fuerza celta en el otro lado. Luego, mientras la principal fuerza celta estaba ocupada, el resto del ejército romano nadó y se enfrentó al resto de los guerreros celtas de la zona.

Los registros históricos que tenemos indican que la batalla duró dos días, lo que sugiere que los celtas lograron oponer una resistencia considerable al ejército romano, pero fueron invadidos, y los distintos celtas que luchaban contra los romanos se vieron obligados a retirarse al río Támesis, donde tendrían una ventaja defensiva similar, pero quizás mejor, dado el tamaño y la profundidad del Támesis.

Desgraciadamente, no sabemos mucho sobre cómo se libró la Batalla del Támesis, pero sí sabemos que fue una victoria romana y que el líder celta británico, Togodumno, fue asesinado, dejando la puerta abierta para que los romanos entraran en la capital de los catuvellaunos, Camulodunum (la actual Colchester), con poca resistencia. Una vez allí, los romanos establecieron una colonia, e hicieron tratados con muchas de las tribus circundantes, once para ser exactos, ayudando a afianzar el control romano en el sudeste de Gran Bretaña. Estas victorias también hicieron de Gran Bretaña una provincia oficial del Imperio romano conocida como Britannia, que es donde se originó el nombre moderno de la isla. Pero los celtas de la isla no habían terminado de luchar y seguirían haciéndolo durante muchos años.

Carataco Continúa la Resistencia

Después de las victorias iniciales de Claudio y Aulo Plaucio, la autonomía celta en Gran Bretaña estaba oficialmente amenazada, pero todavía había muchas tribus viviendo en toda la isla que no tenían intención de someterse al dominio romano. Entre los años 44 y 50, los romanos se abrieron paso lentamente hacia el oeste y el sur, hacia el actual País de Gales, y en 47, los romanos invadieron Gales. Carataco, el hermano de Togodumno, había huido a la parte occidental de la isla, cerca del actual País de Gales, y había logrado reunir partidarios para oponerse a los romanos, pero finalmente no tuvo éxito y murió en la Batalla de Caer Caradoc en el año 50 d. C., lo que dio a los romanos el control sobre la mayor parte del sur de Gran Bretaña.

Sin embargo, durante este tiempo, varias tribus celtas de toda Gran Bretaña comenzaron a rebelarse contra el dominio romano, algo que sucedería con considerable frecuencia durante los primeros años de la Gran Bretaña romana. Esto llevó a los romanos a embarcarse en una campaña de desarme de todas las tribus celtas de Gran Bretaña, ya que consideraban que esta era la única manera de asegurar que su gobierno fuera respetado y de lograr la paz y la estabilidad en la región. Sin embargo, pasarían muchos años antes de que los romanos pudieran subyugar plenamente a los celtas en Gran Bretaña, y algunas tribus resultarían invencibles.

Los romanos también emprendieron una política de intentar destruir los pilares de la sociedad celta. Específicamente, buscaron destruir el druidismo. Los druidas eran miembros de la élite de la sociedad celta que eran líderes religiosos, así como miembros importantes de la clase dominante. Los romanos, siempre que invadían una ciudad importante en la Gran Bretaña celta, a menudo destruían importantes centros druidas, tales como templos o cortes, como una forma de establecer su supremacía y desalentar a los celtas de rebelarse contra el dominio romano. Sin embargo, incluso esto no tuvo el efecto que se pretendía que tuviera inmediatamente, y los celtas británicos demostraron ser difíciles de gobernar.

La Batalla de Watling Street

Uno de los ejemplos más conocidos de la resistencia celta a la dominación romana vino en el año 60 d. C. de la tribu de los icenos, un grupo de celtas que ocuparon el territorio situado al noreste de la actual Londres. Liderados por su reina, Boudica, los icenos lanzaron un levantamiento contra los romanos mientras el gobernador romano de la época, Cayo Suetonio Paulino, estaba librando una guerra en la parte occidental de Gran Bretaña. Específicamente, estaban tratando de conquistar la moderna isla de Anglesey, que en ese momento era un bastión para los druidas.

Reconociendo que el ejército romano estaba lejos y por lo tanto distraído, Boudica reunió a partidarios no sólo de su propia tribu sino también de los trinovantes, una de las tribus más poderosas de la isla en la Gran Bretaña prerromana. Juntos marcharon sobre Camulodunum, la colonia establecida por Claudio que había estado sirviendo como el centro del dominio romano en Gran Bretaña desde los primeros años de la invasión. Esta fuerza logró entrar en la colonia y saquearla, poniendo el dominio romano en Gran Bretaña en un riesgo significativo. Boudica entonces dirigió su fuerza fuera de Camulodunum y luego continuó hacia el oeste para recuperar el territorio controlado por los romanos.

Cayo Suetonio Paulino se enteró del levantamiento e inmediatamente abandonó su campaña en Anglesey para regresar al este de Gran Bretaña y sofocar la rebelión. Se puso en marcha en la calle Watling, una carretera o una serie de carreteras que conectaban el sudeste de Gran Bretaña con la parte norte de Gales que habían sido utilizadas por los celtas durante siglos y que los romanos pavimentaron para facilitar el comercio. Llegó hasta Londinium, una ciudad relativamente nueva que se había fundado en el año 43 y que fue el primer emplazamiento de la actual ciudad de Londres. Sin embargo, en ese momento, la ciudad estaba en manos de los rebeldes, así que partió, y Boudica y sus fuerzas la quemaron hasta los cimientos. Los rebeldes continuaron luchando y, a medida que lo hacían, fueron ganando más y más partidarios. Las estimaciones contemporáneas sugieren que había unos 300.000 hombres luchando junto a Boudica, pero es probable que esta cifra sea una exageración. Sin embargo, cuando Cayo Suetonio Paulino finalmente reunió a su ejército y se las arregló para enfrentarse a Boudica, fue superado en número. Sin embargo, logró derrotar a Boudica en lo que ahora se conoce como la Batalla de Watling Street, ya que se cree que tuvo lugar a lo largo de esta importante carretera en el sur de Gran Bretaña que fue trazada por los antiguos británicos antes de que fuera pavimentada por los romanos. Sin embargo, los historiadores no han sido capaces de determinar la ubicación exacta de esta batalla.

En este punto, el emperador de Roma en ese momento, Nerón, consideró la posibilidad de retirar las fuerzas romanas de Gran Bretaña y abandonar los intentos de controlarla por miedo a que requiriera demasiado tiempo y energía para controlarla. Sin embargo, finalmente decidió no hacerlo, y el levantamiento lanzado por Boudica resultó ser el ejemplo más eficaz de la resistencia celta al dominio romano en Gran Bretaña. Sin embargo, los celtas no dejaron de luchar contra los romanos mientras viajaban hacia el norte para tratar de subyugar a toda la isla.

Los Celtas del Norte Resisten el Avance Romano

Con Boudica derrotada, los romanos, poco menos de veinte años después de que Claudio aterrizara en Gran Bretaña, habían logrado asegurar la mayor parte de la parte sur de la isla. Abajo hay un mapa de los varios movimientos romanos en Gran Bretaña durante estos diecisiete años para mostrar la extensión de la subyugación celta en Gran Bretaña:

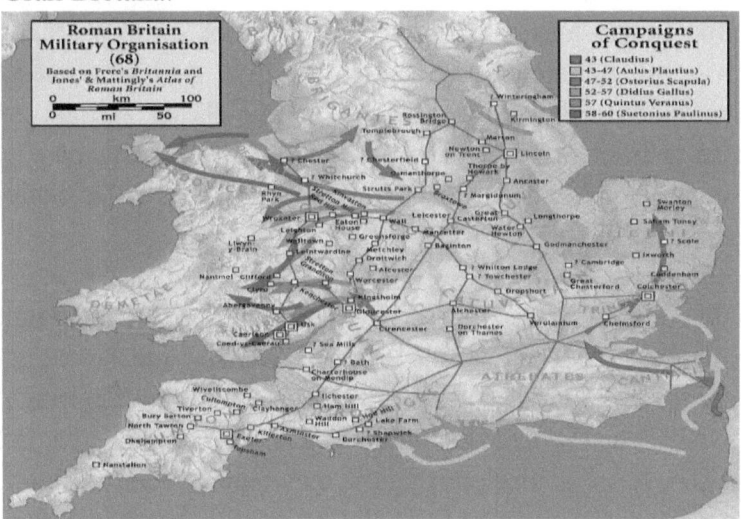

Fuente:
https://commons.wikimedia.org/w/index.php?curid=11357177

Sin embargo, como era el caso con casi todas las civilizaciones antiguas, los romanos no estaban a punto de detener su avance. Continuaron moviéndose hacia el norte a lo largo de los años 60 y 70 del siglo XX y, bajo el mando de Agrícola, conquistaron a los ordovicos, una tribu celta situada en el norte de Gales, en el año 78. Durante los próximos seis años, Agrícola continuaría avanzando hacia el norte, hacia Escocia, alcanzando a los caledonios y derrotándolos en 84. Sin embargo, los romanos no podrían avanzar más hacia Escocia, y la agitación en Roma obligó a Agrícola a regresar a la capital. Durante los años que siguieron a esta victoria, no se sabe mucho, excepto que las tribus celtas, así como grupos relacionados como los pictos, lograron recuperar territorio de los romanos, empujándolos más y más al sur.

Para mantener a raya a las tribus insubordinadas, se construyeron varias murallas en diferentes momentos de la historia, la más famosa de las cuales fue la muralla de Adriano, que comenzó a construirse en el año 122 y se terminó en el año 128 de nuestra era. Sin embargo, hay evidencia de fortificaciones defensivas en el norte de Gran Bretaña que datan del año 70 a. C., y el muro de Antonino, que fue terminado en el año 154 d. C., extendió brevemente las fronteras del Imperio romano más al norte de Gran Bretaña, en lo profundo del territorio que ahora conocemos como Escocia. Se cree que esto resultó demasiado difícil de sostener, y la muralla de Adriano se convirtió en la frontera de facto entre la Gran Bretaña romana y el territorio controlado por tribus no conquistadas, muchas de las cuales eran celtas.

La Invasión Anglosajona
El hecho de que las tribus celtas de Gran Bretaña se resistieran tanto al dominio romano es importante porque permitió que la cultura celta se mantuviera incluso cuando la romanización se aceleró en el resto de Gran Bretaña. Algunas tribus celtas, en particular las del norte de Escocia, permanecieron autónomas durante toda la época romana, y las que sí formaron parte del imperio lograron mantener una fuerte identidad. Por ejemplo, a diferencia de lo que ocurría en la Galia, donde el latín vulgar sustituyó completamente al celta, los británicos en la Gran Bretaña romana continuaron hablando su versión del celta, y las tribus que vivían fuera de la influencia romana también mantuvieron su identidad celta, aunque hubo una considerable mezcla con algunas de las tribus no celtas de la región, sobre todo con los pictos.

Los británicos permanecieron siendo prominentes en la Gran Bretaña romana hasta aproximadamente el siglo V, cuando los romanos ya no pudieron mantener el control sobre Gran Bretaña, que era una de sus provincias más remotas. Durante este período, los anglosajones, un pueblo de habla germánica, comenzaron a trasladarse a Gran

Bretaña, estableciendo su propio orden social y casándose con los locales. Los británicos étnicos que se resistieron a este cambio fueron empujados hacia el oeste, asentándose en la costa occidental de Gales y cruzando el mar de Irlanda para asentarse en Irlanda. Otros británicos cruzaron el Canal de la Mancha y se establecieron en Armórica, la región de Francia que ahora llamamos Bretaña.

Con el tiempo, los anglosajones se convirtieron en la etnia dominante en la isla, y los celtas que habían llamado hogar a Gran Bretaña desde el primer milenio antes de Cristo se vieron obligados a encontrar un hogar en otro lugar. Sin embargo, sorprendentemente, estos celtas fueron capaces de mantener su identidad cultural a pesar de ser tan dramáticamente superados en número. Para demostrar su resiliencia, basta con ver dónde se hablan las lenguas celtas en la actualidad: en el oeste de Gran Bretaña (Gales), en Irlanda y en la región francesa de Bretaña.

Conclusión

Al igual que en la Galia, la invasión romana de Gran Bretaña desempeñó un papel importante en la reducción de la influencia celta en Europa. Sin embargo, mientras que tanto los celtas galos como los celtas británicos lucharon duramente contra el intento de Roma de conquistarlos, los celtas británicos, tal vez porque estaban en una isla y tal vez porque no tenían que lidiar con enemigos adicionales como los galos (específicamente las tribus germánicas), fueron capaces de mantener algún grado de identidad cultural a lo largo de los aproximadamente 400 años de dominio romano. Además, aunque finalmente fueron expulsados de sus tierras por los anglosajones, la resistencia de los celtas británicos es una de las razones por las que la cultura y la lengua celtas siguen existiendo en la actualidad.

Capítulo 7 - Guerreros Celtas

Los celtas entran en nuestra historia colectiva con los griegos y los romanos que hablaban de los celtas como "bárbaros", o guerreros feroces, que dominaban el territorio en el norte de Europa que los griegos y los romanos apenas habían podido explorar en los primeros años de su historia. Sin embargo, el término "bárbaro" en el lenguaje actual implica que los celtas eran combatientes salvajes y desorganizados que, a pesar de su fuerza, tal vez no eran capaces de representar una amenaza significativa para un ejército grande y bien entrenado. Pero este no fue el caso. Los romanos vivían con el temor perpetuo de que los celtas que vivían en la Península Ibérica o que deambulaban por toda la Galia pudieran y quisieran marchar hacia Roma y borrarlos de la faz de la tierra, algo que casi ocurrió en el año 390 a. C.

Este miedo que los griegos y los romanos propagaron ha ayudado a exagerar la imagen que tenemos de los guerreros celtas hoy en día. Es cierto que eran eficientes en el campo de batalla, pero muchas concepciones modernas de la guerra celta son el producto de los videojuegos de fantasía y de la literatura embellecida. Estas imágenes muestran a los celtas con armadura o comportándose de una manera que simplemente no está respaldada por las pruebas de que disponemos en la actualidad. Por supuesto, todo es posible, pero es importante reconstruir al guerrero celta usando lo que sabemos, no lo que deseamos que sea cierto.

Una cosa que sí sabemos, sin embargo, es que la guerra era una parte integral de la sociedad celta, y esto significa que el guerrero celta era muy apreciado. El estatus y el prestigio estaban estrechamente relacionados con la capacidad de luchar en la guerra, y los nobles ganaban súbditos leales gracias a su capacidad para asaltar y conquistar los territorios circundantes. Pero debido a la rica diversidad que existía entre las diversas culturas celtas diseminadas por toda Europa, los celtas desarrollaron muchas formas diferentes de lucha. Sin embargo, debido a sus similitudes culturales, podemos encontrar algunos paralelismos entre las diferentes culturas celtas cuando se trata de las formas en que libraron la guerra.

La Guerra en la Sociedad Celta

Como se mencionó, no había una estructura política uniforme en la antigua cultura celta. En cambio, la lealtad se daba a un cacique o a un noble a cambio de seguridad. Pero para obtener esta seguridad, uno necesitaba estar listo y dispuesto a ofrecer mano de obra y otros bienes a cambio, un sistema no muy diferente del feudalismo. Sin embargo, en este sistema, los nobles dependían de estos trabajadores para la producción, por lo que necesitaban hacer algo para probar que merecían esa lealtad, y la manera más fácil de hacerlo era tener éxito al atacar a las tribus cercanas, incluso si esas tribus eran también celtas.

La guerra y las incursiones también fueron algunas de las principales formas de adquirir riqueza en la antigua sociedad celta. Las redadas permitirían a un cacique o caudillo no solo adquirir los recursos de una tribu cercana que podría comerciar con otras culturas a cambio de bienes, sino que también le permitirían reunir a personas para venderlas como esclavas en Grecia y Roma, un negocio lucrativo que se convirtió en una parte importante de la cultura celta.

Sin embargo, más allá de la importancia de la guerra entre la nobleza celta, también fue significativa para los "hombres libres", la clase de gente que estaba situada justo debajo de las clases de élite de la sociedad celta. El éxito en la batalla era una oportunidad para que un hombre celta medio demostrara su valía en la sociedad, y debido a esto, a menudo era fácil para un noble reunir hombres para luchar en una incursión contra una tribu cercana. Además, los hombres celtas a menudo prestaban sus servicios como mercenarios, ya que esto les daba la oportunidad de demostrar sus habilidades como guerreros y ganar estatus en la sociedad celta. El ejemplo más famoso de esto viene de la Segunda Guerra Púnica. El líder de Cartago en ese momento, Aníbal, contrató a miles de celtas para que le ayudaran a invadir Italia y derrotar a Roma. Y aunque esto no tuvo éxito, esta experiencia infundió en los romanos un temor hacia los celtas que duró todo el camino hasta que los romanos lograron conquistar tanto la Galia como Gran Bretaña. El historiador romano Polibio escribió acerca de cómo los romanos veían a sus enemigos celtas, diciendo que estaban:

> aterrorizados por el fino orden del ejército celta, y el terrible estruendo, porque había innumerables sopla cuernos y trompetistas, y... todo el ejército gritaba sus gritos de guerra...Muy aterradores también eran la apariencia y los gestos de los guerreros desnudos que se encontraban frente a ellos, todos en la plenitud de la vida y hombres finamente construidos, y todos ellos en las compañías líderes ricamente adornados con torques y brazaletes de oro

Se cree que la tradición celta de tratar de asustar a sus oponentes soplando cuernos, gritando, burlándose y haciendo mucho ruido estaba estrechamente ligada al entendimiento celta de que la guerra era una oportunidad para que alguien demostrara su valía ante la sociedad. La idea era que ser más temible hacía a alguien ganar un respeto más dentro de la sociedad, pero solo si se podía apoyar esta postura con buenas habilidades de lucha. Sin embargo, esta cita menciona a guerreros celtas luchando desnudos como una forma de tratar de intimidar a sus oponentes, y aunque esto puede haber sucedido de vez en cuando o dentro de cierta tribu o grupo mercenario, es difícil decir si esta era una costumbre típica de los celtas.

Entrenando para la guerra

Debido a la falta de instituciones políticas y sociales formales en la sociedad celta, no había métodos formales de entrenamiento de soldados para la guerra. En cambio, un joven que quería mejorar sus habilidades de lucha para poder unirse un día a una incursión o a una invasión tenía que encontrar otras formas de entrenamiento para poder estar a la altura de la reputación que los soldados celtas tuvieron durante la mayor parte del período antiguo.

Algunas de estas actividades incluían la caza, el robo de ganado, las incursiones de esclavos y las pequeñas escaramuzas con las tribus locales que eran lideradas por nobles que se peleaban entre sí. Estas luchas se consideraban menos agresivas que las guerras sin cuartel contra los romanos o contra otra poderosa tribu celta, pero le daban a un joven guerrero celta la oportunidad de practicar sus habilidades de manejo de armas y también de prepararse mentalmente para una vida en guerra.

Otra forma de entrenar era unirse a un grupo de mercenarios. Estas bandas de soldados a menudo formaban uniones cercanas, y tenían sistemas para entrenar a los soldados más jóvenes para que pudieran luchar con la misma intensidad que el grupo. Sin embargo, la entrada en estos grupos de mercenarios de élite estaba restringida solo a los guerreros más hábiles, lo que significaba que un combatiente necesitaría pasar un tiempo considerable perfeccionando sus habilidades en otro lugar antes de poder esperar que se le concediera un lugar entre las filas de los mercenarios.

Esta falta de estructura política, combinada con la conexión entre la autoestima y la lucha, significaba que los guerreros celtas a menudo entraban en el campo de batalla principalmente por sí mismos. Hay poca evidencia de que un guerrero celta sienta una lealtad excepcional hacia un rey, aunque hay ejemplos de señores de la guerra celtas que ganan una popularidad considerable mientras dirigen incursiones contra invasores. Uno de los mejores ejemplos de

esto es el levantamiento liderado por Boudica en Gran Bretaña durante el primer siglo d. C.
Armas Celtas
Debido a que la cultura celta se extendía por un territorio tan amplio, los guerreros celtas utilizaban muchas armas diferentes. Las diferentes tribus celtas fabricaron armas distintas, y estas a menudo se convirtieron en modelos para los romanos a medida que sus fuerzas militares crecían y, con el tiempo, se convirtieron en las más dominantes de toda Europa.

Los tipos más comunes de armas usadas por los celtas incluían lanzas, martillos a dos manos, hachas y, a medida que el trabajo del hierro se hizo más prominente en la cultura celta, espadas. La calidad de las espadas variaba considerablemente, y la mayoría de las evidencias arqueológicas sugieren que la gente común tenía espadas de hierro pequeñas y delgadas. Algunas fuentes escritas por aquellos que vivían en ese momento informan de espadas que se doblaban o rompían cuando entraban en contacto por primera vez con otro objeto duro, como otra espada o un escudo.

Pero hay muchos ejemplos de tribus celtas que llevan espadas bien hechas y de alta calidad, especialmente en Gran Bretaña, aunque hay algunas especulaciones de que estas pueden haber sido usadas para rituales más que para pelear. Estas espadas se han infiltrado en la percepción pública para dar a los celtas una reputación de empuñar espadas de alta calidad cuando entraban en batalla, pero lo más probable es que este no fuera el caso. En cambio, la mayoría de los guerreros celtas probablemente llevaba una pequeña espada o una daga y una lanza.

En la Península Ibérica, sin embargo, las tribus celtíberas que lucharon contra los soldados romanos llevaban una espada de doble filo bastante eficaz que se decía que era buena para apuñalar, y muchos creen que se convirtió en el modelo para los tipos de espadas que las legiones romanas utilizaron durante el ascenso de Roma al poder.

Otras armas utilizadas por los celtas incluyen herramientas de lucha de largo alcance como jabalinas, arpones, arcos y eslingas. Estas armas se habrían utilizado para lanzar proyectiles contra las tropas que se acercaban, con el fin de infligir daños antes de que comenzara el combate cuerpo a cuerpo. Hay pruebas de que algunas tribus celtas, especialmente las que se encuentran a lo largo de los Alpes, envenenaban las armas que lanzaban a las filas enemigas para aumentar su eficacia, y algunas tribus podrían haber tenido una versión temprana de la ballesta. Pero ninguno de estos casos representa la norma entre las diversas tribus celtas de Europa.

Aunque no son un arma, los soldados celtas a menudo también llevaban algún tipo de instrumento, como un cuerno, para usar cuando entraban en batalla. Un gran ejemplo de esto es el carnyx (abajo), que era una trompeta de bronce que se cree que fue usada por los celtas que deambulaban por Europa desde el año 300 a. C. hasta el 200 d. C. Era común que los celtas tocaran este cuerno repetidamente mientras se preparaban para cargar, y se cree que esta era otra manera para que un guerrero demostrara su fuerza y poder al mismo tiempo que infundaba el miedo en los corazones de los enemigos.

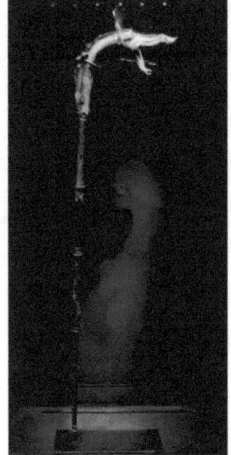

En términos de armadura, se considera que los celtas fueron los primeros en Europa en llevar cadenas de hierro, aunque esto no habría sido un tema estándar para el guerrero celta medio. En cambio, este tipo de protección estaba reservada a la nobleza o a cualquiera que tuviera los medios para fabricar dicha armadura. Lo mismo ocurría con las placas torácicas de hierro; existían en el ejército celta, pero no eran la norma. En cambio, era mucho más común que el guerrero celta medio usara armadura de cuero o ninguna armadura. La armadura de bronce estaba disponible, pero de nuevo, poder llevarla en la batalla dependía considerablemente de los medios de cada uno. Algunos otros ejemplos de tipos de armadura más elaborados se atribuyen a los celtas, pero esto es probablemente más una exageración de la realidad para mejorar la ya glorificada imagen que tenemos de los guerreros celtas. En cambio, la realidad es que, aunque el guerrero celta medio estaba muy bien entrenado y capacitado, probablemente estaba mal equipado debido a la desigualdad que existía en la sociedad celta en ese momento.

Sin embargo, una cosa interesante que podemos aprender sobre los guerreros celtas de los textos clásicos, y que ha sido afirmada en un grado u otro de la investigación arqueológica, es que muchos guerreros celtas solían usar ropa brillante y colorida en la batalla, presumiblemente como una forma de intimidar a sus enemigos o quizás como una forma de demostrar a sus compañeros guerreros su mérito como soldados. Pero una vez más, es difícil saber si esto era algo que practicaban todos los soldados celtas o si era una tradición reservada para aquellos que tenían los medios para adquirir lo que probablemente habrían sido valiosas mercancías antiguas.

Las imágenes modernas de los guerreros celtas casi siempre incluyen cascos, y algunos han llegado a decir que los romanos copiaron a los celtas cuando diseñaban y construían cascos para sus legionarios, pero es difícil decir si esto es cierto o no. Es igualmente probable que los celtas copiaran a los romanos después de su primer contacto con ellos. Otra imagen común del guerrero celta es la del casco con cuernos. Una vez más, esto puede haber existido; hay evidencia de cascos con cuernos que datan de la Edad de Hierro Británica (c. 800-100 d. C.). Sin embargo, sabemos que los primeros celtas solían luchar sin cascos, y no fue hasta el último siglo de la migración celta (200 a. C.) que los cascos empezaron a ser más comunes sobre las cabezas de los celtas. Pero estos eran relativamente raros, lo que sugiere que poseer esta armadura dependía de la riqueza y el estatus de cada uno.

Organización de los Ejércitos Celtas

Debido a que no hay textos escritos por los propios celtas, no podemos saber con seguridad cómo se organizaron sus ejércitos. Sin embargo, es evidente que no tenían un ejército organizado como lo entendemos hoy en día, o como lo entendían los griegos o los Romanos. En cambio, los ejércitos celtas se organizaron en torno a caudillos o caciques. A veces, varios caudillos se unían para luchar contra un enemigo común, pero estas colaboraciones solían ser breves. Los celtas no tenían que preocuparse por exigir a los hombres de los territorios conquistados que se alistaran en el ejército porque se esperaban combates. Los que se resistían a los combates eran a menudo asesinados, vendidos a los griegos o romanos como esclavos, o desterrados de la sociedad.

Sin embargo, había varios tipos de soldados celtas, y cuando luchaban juntos, a menudo se organizaban en grupos diferentes. Por ejemplo, algunos soldados celtas luchaban a caballo y otros utilizaban carruajes, aunque en el siglo III a. C., la mayoría de las tribus celtas de Europa, con la excepción de los británicos, habían abandonado los carruajes en favor de la caballería, lo que les ayudaba a ser más eficaces en la lucha contra sus enemigos. Cuando se combinaban con la infantería regular, estos guerreros a caballo se usarían como esperaríamos que se usara una caballería: para explorar, escudriñar y atacar.

Típicamente, los celtas luchaban en tierra, pero hay alguna evidencia que sugiere que la tribu véneta que ocupaba la costa norte de Francia, cerca de la actual región de Bretaña, tenía una fuerte tradición marinera. Fueron conquistados por César en el año 56 a. C., pero sus comentarios sobre el conflicto sugieren que estos celtas fueron un formidable oponente tanto en tierra como en el mar. Sin embargo, debido a que no se han encontrado barcos celtas y a la falta de fuentes celtas escritas, se sabe poco sobre las tradiciones navales en otras partes del mundo celta.

Conclusión

Como usted puede ver, la imagen que tenemos hoy de los guerreros celtas no es un reflejo particularmente bueno de cómo eran realmente estos guerreros. Es posible que algunos de los mitos que existen hoy en día estén basados en la verdad, pero la gran mayoría son solo eso, mitos. Sin embargo, aunque estas imágenes de guerreros feroces, bien armados y bien blindados no sean del todo ciertas, no debemos tomar esto como prueba de que los celtas no eran más que "bárbaros" que podían luchar.

En su lugar, deberíamos considerar los hechos. Es probable que sea cierto que el guerrero celta promedio era por lo menos cuatro pulgadas más alto que el soldado romano o griego promedio, y hay alguna evidencia que sugiere que los guerreros solían teñirse el cabello de blanco brillante con cal, lo cual los habría hecho lucir aterradores. Además, debido a su larga tradición de cazar, atacar y hacer la guerra, el guerrero celta promedio era hábil y valiente, y esto lo habría convertido en un oponente desafiante.

Por supuesto, al final, los celtas demostraron no ser rivales para los ejércitos de Roma, pero esto es probablemente más debido a su falta de organización, tanto política como militar, que a su capacidad de lucha. Pero incluso sin esos componentes críticos de un ejército exitoso, los celtas todavía causaron estragos en los intentos de los romanos de controlar el centro, oeste y norte de Europa durante la mayor parte de 700 años, y a pesar de los repetidos intentos romanos de borrarlos de la faz de la tierra, permanecieron, y su cultura todavía existe hasta el día de hoy.

Capítulo 8 - Forma de Vida Celta

Las representaciones modernas de los celtas suelen reflejar las historias contadas sobre ellos por los griegos y los romanos, lo que significa que se centran en la obsesión de los celtas con la guerra. Y como los celtas no eran más que bárbaros misteriosos y salvajes que no hicieron otra cosa que asaltar a su pueblo y causarles problemas a los griegos y romanos, es fácil ver por qué surgió esta imagen de los celtas.

Sin embargo, como suele ocurrir, estas representaciones son sesgadas e incompletas. Es cierto que la guerra era una parte importante de la antigua sociedad celta, pero no era lo único a lo que se le daba importancia. Ninguna cultura podría existir durante tanto tiempo como los celtas si todo lo que hiciera fuera luchar en guerras. En cambio, los celtas que no iban a las redadas construyeron una civilización grande y próspera que hizo posible que no solo se extendieran por toda Europa, sino que también tuvieran un marcado impacto en las culturas circundantes.

Desafortunadamente, sin embargo, debido a que los celtas no escribieron nada, tenemos poca evidencia escrita de cómo vivían. Pero la plétora de artefactos arqueológicos que dejaron atrás, combinada con un cuidadoso análisis de los textos dejados por los griegos y los romanos, nos permite reconstruir, al menos en parte, lo que la vida podría haber sido para el celta promedio que vivía en tiempos antiguos.

La Vida Cotidiana Celta

En su mayor parte, los antiguos celtas eran agricultores. Plantaron campos en parcelas cuadradas y almacenaron alimentos en ollas de barro que a menudo enterraban bajo tierra. También hay pruebas de que criaban ganado, principalmente cerdos y ovejas. Es probable que la gran mayoría de las personas que vivían en las antiguas sociedades celtas hubieran pasado la mayor parte de su tiempo trabajando en la agricultura, pero también habrían sido las mismas personas que se unirían al cacique local para luchar cuando se les exigía que lo hicieran.

Aquellos que no eran granjeros, pero que no formaban parte de la clase guerrera superior, eran hábiles artesanos de algún tipo. Las profesiones incluyeron joyeros, herreros, metalúrgicos y zapateros. Existía una pequeña clase intelectual que estaba formada por sacerdotes, poetas y juristas, que es donde los famosos druidas habrían caído, pero es probable que estos individuos representaran solo una pequeña parte de la estructura social celta. Es probable que hubiera algún tipo de clase mercantil en la antigua sociedad celta debido a las extensas redes comerciales que establecieron con culturas cercanas y lejanas, pero poco se sabe de estas personas y cómo encajan en el resto de la sociedad celta.

El pueblo celta vestía largas túnicas o mantos de lana o lino, pero hay pruebas de que los miembros más ricos de la sociedad podrían haber tenido acceso a la seda, que provenía de China, lo que indica la existencia de extensas redes comerciales. Las capas más largas y pesadas, hechas de lana, eran probablemente la prenda preferida durante los períodos más fríos del año.

Hay algunas pruebas que sugieren que las mujeres tenían un estatus ligeramente superior al que tenían en otras partes del mundo antiguo, como en Grecia o Roma. Por ejemplo, algunas pruebas de entierro sugieren que se pudo haber permitido a las mujeres luchar junto a los hombres en la batalla, una señal de que se las consideraba iguales, pero no hay suficientes de estos ejemplos para hacer ningún tipo de generalizaciones concluyentes sobre el papel de la mujer en la sociedad celta. Sin embargo, historias como la de Boudica en Gran Bretaña nos proporcionan algunos ejemplos en los que las mujeres asumieron roles de liderazgo.

En los primeros años de la Irlanda cristiana, las mujeres tenían derecho a divorciarse de sus maridos sin motivo alguno, y algunos historiadores creen que esto puede haber sido un vestigio de las culturas celtas pre-romanas, aunque sin registros escritos, es imposible saber si esto era una característica común de la sociedad celta o si era un ejemplo aislado. No existe prácticamente ninguna evidencia de cómo se organizaban las familias en el mundo celta antiguo, lo que significa que nos quedamos completamente en la oscuridad sobre este aspecto de la sociedad celta.

Sin embargo, sabemos que el pueblo celta era profundamente religioso y que la práctica religiosa probablemente jugaba un papel importante en la vida diaria. Los celtas probablemente practicaban en templos y quizás también en sus propias casas, pero es difícil saber con seguridad cuál era la más común. Los sacrificios humanos y las ceremonias jugaron un papel importante en la vida religiosa celta, y se cree que estos ritos fueron llevados a cabo por la clase sacerdotal, conocida como los druidas en algunas partes del mundo celta.

Estructura Social Celta

La organización social celta tiene sus raíces en las culturas guerreras de los periodos de Hallstatt y La Tène. Los caudillos y los caciques estaban en la cima, y mantuvieron su poder proporcionando protección a los granjeros y a otros trabajadores que también tendrían que luchar por ellos cuando llegara el momento. El estatus de uno como caudillo o cacique estaba determinado por dos cosas: la riqueza y el éxito militar. Cuantos más bienes de lujo se tuvieran, más respetados serían en la sociedad, y cuantas más redadas se llevaran a cabo, más seguidores se podrían tener. Las redadas también eran una forma de adquirir más riqueza, por lo que formaban una parte muy importante de la sociedad celta.

Debajo de los caudillos y los caciques estaba la clase intelectual. Este grupo estaba compuesto principalmente por sacerdotes, pero también incluía artesanos, específicamente poetas y profesionales del derecho. Lamentablemente, no hay pruebas de cómo era el sistema legal celta, por lo que es difícil saber exactamente qué papel desempeñaron estos profesionales del derecho en la sociedad.

Los sacerdotes presumiblemente no mantenían ninguna afiliación a un caudillo sobre otro, eligiendo en su lugar viajar y compartir su sabiduría con diferentes asentamientos. Algunos de estos grupos desarrollaron un prestigio considerable en la sociedad, siendo el ejemplo más clásico los druidas de Gran Bretaña, e incluso pueden haber sido considerados tan importantes como los propios caudillos. Pero una vez más, sin los registros escritos de los propios celtas, es esencialmente imposible confirmar o negar si esto era cierto. Todo lo que tenemos que seguir es la evidencia arqueológica y las palabras escritas por los romanos, que casi con toda seguridad contaban solo una parte de la historia.

Debajo de la clase sacerdotal estaban todos los demás, los campesinos y los obreros. Estos individuos tenían que prometer su lealtad a un caudillo local, y él (o ella) les proporcionaría seguridad, así como los medios necesarios para trabajar la tierra y sobrevivir. A cambio, se esperaba que luchasen por su caudillo cuando él (o ella) decidiera hacer una incursión o ir a la guerra con una tribu vecina. Sin embargo, es probable que las lealtades no fuesen fuertes. Si el cacique perdiese su incursión o si apareciese otro más poderoso, estos individuos podían cambiar su lealtad y empezar a luchar por otro noble.

También hay evidencia de que la esclavitud existió en la antigua cultura celta, aunque es difícil saber hasta qué punto impactó en la estructura social general. Sabemos que la trata de esclavos fue una de las principales razones de los contactos iniciales entre los celtas y los griegos/romanos y que la recogida de esclavos para enviarlos al sur era a menudo una de las principales razones de las incursiones. Se cree que a los esclavos celtas se les ofrecían oportunidades para ganarse su propia libertad, pero se sabe poco sobre cómo eran tratados o cómo vivían.

Cuando los romanos conquistaron la Galia, a menudo centraron sus ataques en oppida, ya que la toma de estos asentamientos hizo mucho más difícil para las tribus celtas de oposición a reunirse como uno solo y resistir a los romanos. Ejemplos de oppida se pueden encontrar en toda Europa, desde la Galia (Francia) hasta Alemania y Hungría. También hay ejemplos de oppida en Gran Bretaña, pero tienden a ser más pequeños y más numerosos, lo que sugiere que la centralización fue menos intensa en estas áreas. Algunos de estos asentamientos se convirtieron en la base de las ciudades medievales, pero muchos de ellos fueron destruidos o abandonados durante y después de la conquista romana de los celtas en Europa.

Conclusión

Para los estudiantes de historia, es una pena que no sepamos más sobre la forma en que vivían los celtas. Han tenido tal impacto en el desarrollo de la cultura europea que saber más sobre sus vidas nos ayudaría a descubrir más información sobre por qué el mundo es como es hoy en día. Pero a pesar de la falta de fuentes escritas procedentes de los propios celtas, todavía podemos aprender mucho sobre su cultura, y la evidencia que tenemos proporciona una comprensión profunda de estos pueblos antiguos. Ya no los consideramos como simples guerreros salvajes. En cambio, ahora podemos ver que había mucho más de los antiguos celtas, y a medida que continuamos estudiándolos y aprendiendo cosas nuevas, estamos seguros de desvelar más secretos sobre una cultura a la que muchos europeos deben su ascendencia.

Capítulo 9 - Religión Celta

Uno de los aspectos más celebrados de la cultura celta hoy en día es su religión. Parece que hubo un sinnúmero de dioses a los que los antiguos celtas rindieron homenaje, y algunos de ellos lograron mantenerse firmemente arraigados en el modo de vida celta a pesar de la influencia de la cultura romana y el posterior cristianismo. Sin embargo, como es el caso de la mayoría de lo que sabemos sobre la cultura celta, su religión está envuelta en misterio.

La razón principal de esto es que los celtas no escribieron nada, probablemente porque eran analfabetos. Debido a esto, no tenemos fuentes primarias que puedan confirmar o negar las historias que ahora contamos sobre los dioses celtas. En cambio, necesitamos confiar en lo que nos dejaron los romanos, que obviamente está sesgado hacia una perspectiva romana, así como en las historias contadas por los irlandeses. Esto se debe a que la mitología irlandesa se basa en gran medida en su herencia celta, y aunque esto ayuda a producir una imagen más coherente de algunos de los principios básicos de la religión celta, no sería prudente que tomáramos esto como una representación activa de las creencias religiosas practicadas en todo el mundo celta.

Sin embargo, al juntar las fuentes que tenemos, podemos crear una imagen de la religión celta que nos ayude a entender al menos un poco más acerca de lo que creían estos pueblos antiguos y de cómo veían el mundo, aunque debemos aceptar que todo lo que se nos ocurra es y siempre será incompleto.

Aspectos de la Religión Celta

Sabemos que los antiguos celtas practicaban el paganismo politeísta. Esto significa que adoraban a muchos dioses diferentes, y creían que estos dioses estaban de alguna manera conectados o relacionados entre sí. Este tipo de creencia religiosa era común en el mundo antiguo, aunque para cuando los romanos llegaron al poder, esto estaba a punto de cambiar, ya que el cristianismo pronto se convertiría en la religión dominante en la mayor parte de Europa.

También sabemos que los celtas practicaban su religión en templos y otros edificios religiosos, así como en áreas naturales que consideraban sagradas, como las arboledas. La primera la conocemos por las evidencias arqueológicas, mientras que la segunda idea proviene de los textos romanos; estas arboledas antiguas, por razones obvias, no existen hoy en día. Durante algún tiempo, los historiadores creyeron que el famoso monumento de Stonehenge era un lugar de culto para los antiguos celtas, pero la datación por carbono muestra que las piedras fueron colocadas por primera vez en su ubicación actual unos 1.000 años antes de que los celtas ocuparan Gran Bretaña, lo que significa que esta teoría no puede ser cierta y que Stonehenge no está relacionado con la religión celta.

Las prácticas religiosas, según los romanos, eran llevadas a cabo por una clase sacerdotal a la que ahora nos referimos como los druidas. Se cree que estos individuos son los únicos miembros de la antigua sociedad celta que fueron educados de alguna manera, y eran responsables de dirigir a los antiguos celtas en su religión. Además, hay muchas historias de druidas que viajan con ejércitos celtas para proveer guía espiritual a los guerreros y para protegerse de los malos espíritus. Esta antigua clase druida se ha convertido en el centro de mucha tradición, pero en realidad, debido al hecho de que los celtas no escribieron nada, sabemos muy poco acerca de quiénes eran estas personas y qué hacían.

Además, podemos estar bastante seguros de que los celtas practicaban alguna forma de sacrificio humano, un rito que habrían llevado a cabo los druidas. Según los registros dejados por los romanos, esta era una práctica frecuente. Otro aspecto bastante espantoso de la religión celta era la práctica de la "caza de cabezas". Se cree que los antiguos celtas consideraban que la cabeza era la parte más importante del cuerpo humano y que era la que llevaba el alma. Se ha encontrado evidencia de cráneos únicos dentro de los refugios celtas, lo que ha dado lugar a la teoría de que poseer el cráneo de alguien importante era una forma de asegurar que su alma permaneciera presente con esa persona en todo momento, aunque esta teoría es imposible de verificar sin más registros escritos de los celtas.

Los celtas también hacían ofrendas votivas regulares, que consistían en enterrar artefactos de importancia en el suelo para dejarlos a los dioses. Muy a menudo, los celtas enterraban objetos que tenían que ver con la guerra, lo que puede ser tomado como una señal de que los antiguos celtas veían su destino en la guerra como algo estrechamente ligado a la voluntad de los dioses. Sin embargo, también hay evidencia de que los celtas dejaron otros objetos no relacionados con la guerra, como joyas y cerámica. Curiosamente, los objetos enterrados y dejados para los dioses eran frecuentemente objetos caros, lo que ayuda a señalar el significado que los dioses probablemente tenían dentro de la antigua cultura celta.

¿Religión Uniforme o Muchos Cultos Diferentes?

Una de las cosas que sigue siendo un misterio para los eruditos celtas de hoy en día es si la religión celta se practicaba o no de manera uniforme en las muchas tribus diferentes que existían en toda Europa Central y Gran Bretaña. Los registros romanos, así como la evidencia arqueológica, sugieren que había cientos de dioses siendo adorados por los pueblos celtas de Europa. Bajo circunstancias normales, podríamos tomar esto como una señal de que la religión estaba mucho más basada en cultos, lo que significa que cada tribu o clan adoraba a una deidad diferente, pero hay algunos ejemplos de continuidad que hacen que esto sea un poco más difícil de determinar.

Por ejemplo, las Matres (latín para Madres) son un grupo de tres diosas que parecen haber sido adoradas en Gran Bretaña, la Galia y el norte de Italia. La idea era que estas diosas eran responsables de determinar el destino de los hombres y mujeres en la Tierra. Este fue un concepto popular en las religiones europeas precristianas, y puede tener sus orígenes en la mitología nórdica. Sin embargo, las ofrendas votivas descubiertas en diferentes lugares celtas de Europa sugieren que los celtas desarrollaron su propia versión de este grupo de diosas y continuaron adorándolo a pesar de que su cultura se extendió por toda Europa y cambió. Es importante señalar, sin embargo, que existen diferencias considerables entre las diferentes representaciones de las "Madres" en las culturas celtas.

Otro ejemplo de un dios común es el dios con cuernos, al que a menudo se le llama Cernunnos. Se cree que este dios era responsable de la vida, la fertilidad, los animales, y también del inframundo. Por supuesto, existen muchas variaciones diferentes de este dios dependiendo de la cultura celta que veamos, pero él es típicamente representado sentado y rodeado de animales. Ejemplos de este dios se pueden encontrar en culturas de toda la Galia, así como en la Península Ibérica y Gran Bretaña.

El dios Lugus, más famosamente asociado con la deidad irlandesa Lugh, o Lug, es también un ejemplo de un dios pancéltico, y su papel en la historia se ha vuelto aún mayor debido a su papel en la mitología irlandesa. En términos generales, Lugus se asocia con ser el dios que concede a los reyes el derecho a gobernar. A menudo se le describe como un guerrero, rey y artista, y también se dice que es el guardián de la verdad y el responsable de la ejecución de la ley. Cuando los romanos comenzaron su conquista de la Galia y Gran Bretaña, asociaron a Lugus con su dios Mercurio, que es uno de los dioses más significativos de la mitología romana.

Se cree que Taranis es el dios celta del trueno, y existe evidencia de que fue venerado en partes de Gran Bretaña, Irlanda, Galia,

Gallaecia (hoy en día el noroeste de España), y los territorios que rodean el río Rin en Alemania. Se cree que los Taranis dominaron el mundo humano junto con Esus y Toutatis. No sabemos con seguridad el papel de Esus, pero se cree que Toutatis era considerado el protector de las tribus. A menudo se hacían sacrificios humanos a esta combinación de dioses. Sin embargo, mientras que la evidencia de Taranis se encuentra en muchas partes del mundo celta, su asociación con los otros dos dioses de esta tríada solo se asocia típicamente con la Galia.

El último dios significativo que podemos decir con confianza que fue adorado por múltiples tribus celtas es Epona. Casi siempre se la representaba montando a caballo, y se cree que estaba asociada con la fertilidad. Algunas teorías también sugieren que los antiguos celtas creían que ella era la responsable de llevar a las almas al más allá, aunque esta conjetura se ha hecho principalmente mediante la interpretación de los relieves. Las representaciones de Epona se encuentran en sitios celtas en Gran Bretaña, Roma y Bulgaria, lo que le da un alcance geográfico considerablemente mayor que el de muchos otros dioses celtas comunes.

Mitología Irlandesa

Cuando los romanos conquistaron la Galia y Gran Bretaña, se encontraron con innumerables versiones de la religión celta y, como era típico de la época, asociaron a estos dioses con los suyos. Esto da la impresión de que la mitología celta era una práctica religiosa unificada, pero probablemente no fue así. En cambio, es más probable que los cultos religiosos se desarrollen en cada área que los celtas llamaron hogar, aunque debido a la ascendencia y al lenguaje compartido de los celtas, existen algunas similitudes, tales como las deidades discutidas anteriormente.

Hoy en día, entendemos la religión celta a través de la mitología irlandesa, y aunque es incorrecto asumir que se trata de una representación exacta de la antigua religión celta, es importante al menos mirarla porque nos proporciona algún contexto de cómo podría haber sido la antigua religión celta. Los mitólogos irlandeses, que mantuvieron sus historias vivas a través de una tradición oral, pusieron por escrito la mitología irlandesa cuando el cristianismo comenzó a extenderse por toda la isla en los siglos V y VI.

Esto nos da la mejor visión posible de cómo podría haber sido al menos una versión de la mitología celta, pero muchos de los que estaban escribiendo estas historias eran, de hecho, monjes cristianos. Es totalmente posible que deformaran estas historias para facilitar su sintetización con las ideas cristianas, lo que habría facilitado a los monjes la conversión de los irlandeses no cristianos. Sin embargo, aun sabiendo que estas historias son probablemente incompletas, es importante al menos entenderlas, ya que esto nos da la mejor idea de cómo era la religión en Gran Bretaña, un territorio mayormente celta, antes de la llegada de los romanos. Y debido a que los celtas en Gran Bretaña muy probablemente emigraron de otras partes de Europa, es posible que estos textos religiosos puedan desvelar más secretos de la religión celta, aunque debemos tener cuidado de no sacar demasiadas conclusiones.

Los Dioses Irlandeses

En términos generales, en la mitología irlandesa, los dioses y diosas eran vistos como los antepasados del pueblo, y estaban conectados con la tierra y el agua. Muchas de las deidades eran mujeres, y se cree que los antiguos irlandeses (celtas) veían a estas deidades como figuras maternas que eran responsables del cuidado de la gente de la Tierra.

Los dioses y diosas responsables de crear la vida pertenecían a la Tuatha Dé Danann, que era una raza sobrenatural que vivía en el otro mundo pero que podía interactuar con el mundo humano cuando lo consideraban oportuno. Típicamente, los Tuatha Dé Danann tenían que luchar contra los fomorianos, otra raza sobrenatural que era considerada responsable de todas las cosas malas que pasaban en el mundo.

En general, las deidades de la Tuatha Dé Danann se dividen en cuatro grupos principales. Uno de estos grupos está formado por deidades que se ven a menudo en los sitios celtas de toda la Galia. Otros grupos incluyen a los que viven en el mar, a los que viven en el otro mundo y a los que constituyen la gran mayoría de las historias que ahora entendemos como mitología irlandesa. Los dos dioses más importantes de la Tuatha Dé Danann fueron Lugh (a quien sabemos que es un dios importante en otras partes del mundo celta) y Dagda, que a menudo es retratado como un druida y una figura paterna. Típicamente, es representado como un hombre grande y barbudo que tiene un palo o bastón que se supone que tiene poderes mágicos. Danu era considerada la madre de la Tuatha Dé Danann, lo que la convertía en una de las deidades más importantes del panteón. Sin embargo, se sabe poco sobre Danu, y hay muchas versiones diferentes de ella, lo que hace difícil saber exactamente cuál fue su papel en la mitología irlandesa.

La existencia de una mitología irlandesa escrita es emocionante porque nos da una idea de la religión pre-romana y pre-celta. Sin embargo, sería incorrecto asumir que la mitología irlandesa representa las prácticas religiosas de todos los celtas. Como ya se ha mencionado, la mitología irlandesa fue escrita en un momento en que los monjes cristianos intentaban convertir a la Gran Bretaña e Irlanda pagana, y también existen considerables similitudes entre las historias que tenemos en la mitología irlandesa y las que provienen de la mitología griega, lo que sugiere que pueden haber sido simplemente tomadas prestadas y adaptadas por extranjeros para que tengan más sentido. Sin embargo, lo poco que sabemos sobre la mitología irlandesa debería recordarnos cuán diferentes eran los celtas de las personas que llegaron a ocupar su tierra en los siglos posteriores a las migraciones celtas.

Conclusión

Al igual que el resto de lo que sabemos sobre los antiguos celtas, la religión celta es frustrante de entender. La falta de fuentes escritas y el hecho de que las fuentes que tenemos fueron escritas por extranjeros, principalmente romanos, nos deja en la oscuridad. Además, debido a que la cultura celta fue absorbida en gran medida por la de Roma en el primer siglo, queda muy poca tradición oral, lo que significa que tal vez nunca sepamos con seguridad cómo los antiguos celtas vieron y entendieron el mundo. Sin embargo, basándonos en la información que tenemos, podemos reconstruir al menos una comprensión general de una religión politeísta que influyó en personas que vivían tan distantes como Gran Bretaña y Bulgaria, así como en España y Turquía.

Capítulo 10 - Arte Celta

Aunque a menudo asociamos la cultura celta con sus guerras y ataques, hay otros aspectos que vale la pena mencionar, más específicamente su arte. Y como el arte no requiere escritura, tenemos a nuestra disposición una cantidad considerablemente mayor de pruebas que nos permiten rastrear la historia del desarrollo del arte celta desde la cultura Hallstatt hasta las culturas celtas que permanecieron en Irlanda y mantuvieron la tradición a través de los tiempos modernos. Típicamente, el arte celta se divide en tres épocas: Hallstatt, La Tène e irlandés post-romano.

Arte en la Sociedad Céltica

Parte de la razón por la que el arte era tan importante en la sociedad celta era por el sistema de "bienes de prestigio" del que hemos hablado. Esto era esencialmente un sistema clientelista, lo que significa que la gente común, es decir, los trabajadores, daban su lealtad a un noble a cambio de seguridad. Pero para que una persona ganara el estatus de noble y pudiera coleccionar esta nobleza, necesitaba demostrar su riqueza, y una de las maneras de hacerlo era adquirir y exhibir artículos de lujo.

Esta práctica significaba que el arte era de gran valor para los celtas desde el principio, y las redes comerciales que establecieron a menudo estaban diseñadas para ayudarles a adquirir estos artefactos. Algunos ejemplos incluyen la cerámica de Grecia y Roma, pero incluso hay evidencia de sedas de China que llegan a Europa Central, lo que sirve como evidencia de la importancia de estos artículos en la antigua cultura celta. Sin embargo, esta no fue la única fuente de arte para los celtas. También tenían sus propios estilos, muchos de los cuales estaban influenciados por las culturas mediterráneas de Grecia y Roma.

Además, el arte también era una parte integral de la cultura guerrera celta. Más específicamente, el equipamiento de los guerreros con espadas bien decoradas, armadura y ropa era una parte importante de la sociedad celta. Parece que los guerreros celtas no estaban interesados en equiparse simplemente con el equipo para la guerra, sino más bien con vestimentas decorativas, quizás como otro medio de expresar a otros guerreros y enemigos su propia autoestima dentro de la unidad de combate.

Estilo Hallstatt

La primera cultura que surgió y que identificamos como celta es la que se desarrolló en la zona de Hallstatt, cerca del río Danubio en Austria. Durante este tiempo, podemos ver la cultura celta en sus primeras etapas. Por ejemplo, se cree que una sociedad estratificada con nobles y señores de la guerra en la cima se desarrolló durante este período, y debido a esto, se le dio un énfasis significativo al arte. La cultura Hallstatt se desarrolló durante la transición de la Edad del Bronce europea a la Edad del Hierro europea, que fue un período de tiempo en el que las herramientas de bronce fueron reemplazadas lentamente por instrumentos más fuertes y duraderos hechos de hierro. Como resultado, gran parte del arte que queda de este período son objetos de hierro decorativo, aunque parte del arte de este período todavía estaba hecho de bronce. En términos generales, estas decoraciones se colocaban en artículos de uso cotidiano, como espadas, cuchillos, lanzas y otras herramientas o armas. Otros artículos hechos de metal incluyen joyas, broches, anillos y adornos, y a menudo se hacían en un estilo geométrico. Las espirales y otros patrones geométricos que se repiten eran muy comunes, y con el tiempo, se convirtieron en una característica definitoria del arte celta, aunque es más que probable que los celtas aprendieran esto de otras culturas en Europa. Estos diseños también se pueden encontrar en tallas de piedra.

Sin embargo, un ejemplo bastante notable del arte de Hallstatt son los artículos conocidos como "vagones de culto". Estas pequeñas piezas son pequeñas réplicas de carros o carretas de cuatro ruedas que los arqueólogos creen que pueden haber tenido algún tipo de significado religioso. Típicamente representan algún tipo de escena, como un sacrificio u ofrenda, y hay un cuenco levantado por encima de esta escena que se apoya en varios pilares delgados. La teoría actual entre arqueólogos e historiadores de arte es que esto fue usado para colocar algún tipo de libación que sería consumida durante una ceremonia. Estas pequeñas esculturas de bronce o hierro casi siempre se han encontrado en tumbas, por lo que se les ha atribuido un significado religioso, pero todavía queda mucho misterio sobre su propósito y función real.

Uno de los mejores ejemplos de estos vagones de culto es el que se encuentra en el yacimiento de Strettweg en Austria. Está hecho de bronce y representa una escena de sacrificio. Se encontró cerca de una buena cantidad de otros bienes funerarios, que es de donde proviene la teoría anterior. No importa cuál sea su propósito, la metalurgia es intrincada y demuestra que el pueblo celta fue quizás un artista dotado desde el principio de su historia.

Fuente:
https://commons.wikimedia.org/w/index.php?curid=26636672

Otra forma popular de arte de este período eran las tallas, y los diseños más comunes eran de humanos y animales. Muchos de ellos parecen tener algún tipo de trasfondo religioso, lo que significa que representan a un dios u otra deidad. Si supiéramos más sobre la mitología celta de este período, entonces quizás podríamos conectar algunos de estos elementos con algunas de las historias que los celtas contaron sobre sí mismos, pero como esta información no existe, todo lo que podemos hacer es especular.

Otra parte importante del arte de Hallstatt eran las cabezas humanas. Como ya se ha dicho, en la religión celta se le dio una importancia considerable a la cabeza humana, al menos en base a lo que sabemos de ella. Se han encontrado cabezas sin cuerpos en muchos yacimientos celtas, incluidos los de la zona de Hallstatt, pero también en otros lugares de Europa. En los casos en que el cuerpo entero está allí, la cabeza suele ser excepcionalmente grande, lo que ofrece una prueba más de la importancia de esta parte del cuerpo en la religión celta.

También se pueden encontrar relieves de piedra en varios yacimientos de Hallstatt en toda Europa, aunque estos ejemplos son raros y tienden a estar centralizados alrededor de áreas donde había una fuerte presencia griega, lo que sugiere que esto no era una parte importante de la cultura artística de Hallstatt. Sin embargo, a pesar de ello, existe una amplia gama de piezas de arte de Hallstatt, lo que sentó las bases para que una cultura del arte floreciera en las sociedades celtas posteriores.

Estilo La Tène

La cultura de La Tène surgió después de la cultura Hallstatt y, a medida que fue creciendo, se fue convirtiendo poco a poco en nuestra comprensión moderna de la cultura celta. Como resultado, gran parte del arte que surge de este período, de aproximadamente 500 a 50 a. C., puede remontarse a la cultura Hallstatt, pero hubo algunos avances considerables durante este período que ayudaron a hacer que el arte celta destacara en comparación con las tradiciones artísticas de las culturas cercanas.

El mejor ejemplo de ello fue la introducción de la orfebrería. Los celtas durante el período de La Tène se volvieron muy hábiles en dar forma al oro, y algunos de los artefactos que salieron de esta época incluyen collares, cadenas de cuello, broches, soportes y, en mucho menor medida, esculturas. Un uso muy popular del oro fue el torque, que es esencialmente un collar rígido. Se cree que fue usado por aquellos con estatus, una teoría que está en línea con la estructura social de bienes de prestigio mencionada anteriormente. Un ejemplo de uno de estos torques se puede ver aquí:

Fuente:
https://commons.wikimedia.org/w/index.php?curid=9404238

La escultura y el grabado también avanzaron considerablemente durante este tiempo con estilos distintos que surgieron en diferentes partes de Europa. Muchos de estos artefactos se encuentran en armas, principalmente espadas, y otras herramientas, mostrando una vez más cómo la cultura militar y artística celta estaban estrechamente vinculadas. Sin embargo, durante este período, las formas geométricas encontradas durante la era de Hallstatt se vuelven considerablemente más elaboradas, ya que los artesanos decidieron pasar más tiempo tratando de imitar los patrones y diseños que se ven en la naturaleza, especialmente en la vegetación. Una vez más, este énfasis en la simetría geométrica terminaría siendo una parte importante de las tradiciones artísticas celtas que se mantuvieron después de la conquista romana de la mayor parte del mundo celta.

También durante este período, los artistas celtas trabajaron para incluir imágenes de animales en sus diseños. Esto ayudó no solo a hacer los diseños más estéticamente agradables e interesantes, sino que también ayudó a hacer los artefactos más personales. Como normalmente se encontraban en espadas y otras armas, esto sugiere que estos diseños pudieron haber sido una forma de que la nobleza y otras élites se distinguieran de la gente común mientras estaban en el campo de batalla.

Sin embargo, a pesar de toda esta atención al detalle y énfasis en el arte, todavía no hay evidencia de pintura en este punto de la historia del arte celta. Esto podría deberse a que carecían de las habilidades o recursos para pintar, pero también es igualmente probable que estos artefactos simplemente no permanezcan debido a su naturaleza perecedera, aunque hay poca evidencia de pinturas en otros bienes más duraderos, como las vasijas.

Estilo Irlandés Post-Romano

Después de que los romanos invadieran y conquistaran la Península Ibérica, la Galia y Gran Bretaña, la cultura celta prácticamente desapareció en toda Europa continental. La lengua celta finalmente dio paso al latín, y la forma de vida celta pasó por un proceso conocido como romanización. Sin embargo, en Gran Bretaña, la cultura celta se mantuvo, y en busca de una forma de preservar su cultura, los celtas se trasladaron a la parte occidental de Gran Bretaña (Gales), así como a Irlanda.

Pero hubo una considerable inestabilidad en Irlanda durante este período, y esto dificultó el desarrollo de una fuerte tradición celta irlandesa pre-romana, por lo que los estilos de arte celta que permanecieron vivos después del ascenso y caída de Roma son meras sombras del arte celta "original", y también adquieren un importante trasfondo cristiano. Este estilo irlandés post-romano, a veces llamado celta irlandés, es único en el sentido de que puede remontarse a las primeras culturas celtas, pero también es su propio estilo, y debemos tener cuidado de no hacer demasiadas conexiones. Sin embargo, siguió siendo el estilo dominante en la isla hasta por lo menos el siglo XII d. C.

Quizás los ejemplos más conocidos de esto son las cruces celtas irlandesas. Con diseños intrincados que incluyen la repetición de patrones geométricos, estas cruces están claramente influenciadas por estilos celtas del pasado, aunque los propios celtas probablemente aprendieron esta técnica de los griegos y los romanos. Sin embargo, el hecho de que estos diseños aparezcan en cruces cristianas muestra cómo los estilos celtas prerromanos lograron sobrevivir a la conquista romana e influir en versiones posteriores del arte celta. Además, dado que estos artefactos son algunas de las piezas mejor conservadas y más ampliamente reconocidas de las tradiciones celtas, han ayudado a contribuir a la idea de que los celtas se originaron en Gran Bretaña e Irlanda, que ahora sabemos que es al menos parcialmente falso.

Otras obras de arte que son características de este período son las iluminaciones manuscritas. Estas fueron desarrolladas por los misioneros celtas irlandeses que viajaron a través de Irlanda y Gran Bretaña para tratar de difundir el cristianismo, y trajeron estos manuscritos elaboradamente decorados con ellos que exhiben algunas influencias celtas. Estos manuscritos influirían más tarde en los realizados en los estilos gótico, románico y carolingio, que fueron los modos de expresión dominantes a lo largo de la Edad Media.

Además, estos misioneros también trajeron consigo piezas de metal que fueron hechas usando estilos celtas tradicionales, lo que significa que fueron decoradas con intrincados patrones geométricos. Esto ayudó a que el arte celta continuara extendiéndose a lo largo de la Alta Edad Media. Sin embargo, en los siglos XI o XII, después de la invasión nórdica de Gran Bretaña e Irlanda, se hace cada vez más difícil distinguir un estilo celta distinto. Hoy en día, el arte celta ha experimentado un cierto renacimiento, ya que los celtas aún vivos buscan revitalizar su cultura y mantenerla viva para las generaciones futuras, y si sabemos algo sobre la cultura celta, es que es resistente.

Conclusión

Es un tanto sorprendente que una cultura tan centrada en las incursiones y la guerra también fuera capaz de crear obras de arte tan distintas, pero quizás es aún más sorprendente que el arte celta fuera capaz de mantener su integridad a pesar de su lenta desaparición a lo largo de la época romana. Esto puede ser atribuido a la naturaleza resistente de la cultura celta, pero es quizás más exacto ver el arte celta como una pieza del complejo rompecabezas que es el arte europeo. Originalmente fue influenciado por los griegos y los romanos, y después de haber desarrollado su propio carácter, a su vez, influyó en el arte cristiano, que se convirtió en la cultura dominante en Europa durante los tiempos de los romanos hasta la actualidad. Esto nos ayuda no solo a entender una parte importante de nuestra historia colectiva, sino que también muestra cuán influyentes han sido los celtas en el desarrollo del mundo en el que vivimos hoy en día.

Conclusión

Es fácil estudiar la historia de los antiguos celtas y sentirse frustrado. Después de todo, ¿cómo es posible que una cultura tan extendida por toda Europa y que utiliza una lengua hablada en tantos lugares simplemente desaparezca con la llegada de los romanos? Es una lástima que estas personas no hayan empezado a escribir detalles sobre sus vidas, ya que esto nos habría dado una visión mucho más profunda de cómo eran y cómo influyeron en el mundo que hoy en día llamamos nuestro hogar.

Sin embargo, aunque es fácil que usted se sienta frustrado, no debemos dejar que esto disminuya lo que usted sabe. La evidencia arqueológica combinada con los numerosos textos de los griegos y romanos nos ha permitido reconstruir el mundo en el que vivían los antiguos celtas, y gracias al trabajo de los mitólogos irlandeses, que emprendieron el esfuerzo de preservar la religión celta pre-romana, algunos aspectos de la cultura celta siguen existiendo hoy en día.

Sin embargo, es de esperar que ahora sea posible tener una visión más amplia de los celtas. Todavía usted puede asociarlos con Irlanda en gran parte debido a la importancia que se les ha dado a los celtas en el auge de la cultura irlandesa, pero en realidad hay más hablantes de una lengua celta en Gales, y casi todo el mundo en Europa puede rastrear su ascendencia hasta al menos una tribu celta. Además, ahora podemos ver que los celtas no eran solo una cultura guerrera centrada en atacar a las tribus cercanas y matar todo lo que veían. En vez de eso, eran una sociedad basada en la agricultura que tenía fuertes valores religiosos y usaba las incursiones como una forma de promover su forma de vida. Sin embargo, es posible que los mercenarios celtas sigan siendo algunos de los combatientes más temibles de toda la historia.

Pero a pesar de todo el misterio, o quizás por ello, los celtas siguen siendo una fuente de fascinación tanto para los estudiantes serios como para los ocasionales de historia. Como resultado, podemos esperar que se emplee más tiempo y energía en tratar de desvelar sus secretos, para que podamos aprender más sobre uno de los antepasados más influyentes de Europa.

Lea más libros de Captivating History

Bibliografía

Allen, Stephen y Wayne Reynolds. Guerrero Celta: 300 a.C. - 100 d.C. Osprey Military, 2001.

Bradford, Alfred S. Con Flecha, Espada y Lanza: Una Historia de Guerra en el Mundo Antiguo. Grupo Editorial Greenwood, 2001.

César, Julio. De Bello Gallico: Libros I-VII, Según el texto de Emanuel Hoffmann (Viena, 1890). Clarendon Press, 1898.

Chapman, Malcolm. Los Celtas: La Construcción de un Mito. Springer, 1992.

Cunliffe, Barry. Los Antiguos Celtas. Oxford University Press, 2018.

Creighton, John. Britannia: La Creación de una Provincia Romana. Routledge, 2006.

Haywood, John. Atlas del Mundo Celta. Támesis y Hudson, 2001.

James, Simon. Los Celtas del Atlántico: ¿Gente Antigua o Invención Moderna? Univ de Wisconsin Press, 1999.

MacKillop, James. Un Diccionario de Mitología Celta. Oxford: Oxford University Press, 1998.

Maier, Bernhard y Kevin Windle. Los Celtas: Una historia desde los Primeros Tiempos Hasta el Presente. University of Notre Dame Press, 2003.

Matyszak, Philip. Los Enemigos de Roma: De Aníbal a Atila el Huno. Támesis y Hudson, 2009.

www.ingramcontent.com/pod-product-compliance
Lightning Source LLC
LaVergne TN
LVHW041646060526
838200LV00040B/1730